全球金牌律师实战书系

西北政法大学
刑事辩护高级研究院
组织翻译出版

图书在版编目(CIP)数据

能言善辩：律师公众演讲术 /（美）布莱恩·K. 约翰逊（BRIAN K. JOHNSON），（美）玛莎·亨特（MARSHA HUNTER）著；田力男，穆艺译. -- 北京：法律出版社，2023

书名原文：The articulate attorney：public speaking for lawyer

ISBN 978 - 7 - 5197 - 6074 - 8

Ⅰ. ①能… Ⅱ. ①布… ②玛… ③田… ④穆… Ⅲ. ①律师业务—说服—语言艺术 Ⅳ. ①D916.5

中国版本图书馆 CIP 数据核字(2022)第 228897 号

能言善辩：律师公众演讲术
NENGYAN SHANBIAN:
LÜSHI GONGZHONG YANJIANGSHU

（美）布莱恩·K. 约翰逊 （美）玛莎·亨特 著
田力男 穆 艺 译

责任编辑 陈昱希
装帧设计 汪奇峰

出版发行 法律出版社
编辑统筹 法规出版分社
责任校对 张红蕊
责任印制 耿润瑜
经 销 新华书店

开本 A5
印张 6.625 字数 137 千
版本 2023 年 1 月第 1 版
印次 2023 年 1 月第 1 次印刷
印刷 天津嘉恒印务有限公司

地址：北京市丰台区莲花池西里 7 号(100073)
网址：www.lawpress.com.cn
投稿邮箱：info@lawpress.com.cn
举报盗版邮箱：jbwq@lawpress.com.cn

销售电话：010 - 83938349
客服电话：010 - 83938350
咨询电话：010 - 63939796

书号：ISBN 978 - 7 - 5197 - 6074 - 8
定价：59.00 元
凡购买本社图书，如有印装错误，我社负责退换。电话：010 - 83938349

著 | [美] 布莱恩·K. 约翰逊
[美] 玛莎·亨特
译 | 田力男　穆　艺

能言善辩

律师公众演讲术

THE ARTICULATE ADVOCATE

Public Speaking for Lawyer

BRIAN K. JOHNSON
MARSHA HUNTER

法律出版社 LAW PRESS · CHINA
北京

THE ARTICULATE ATTORNEY: PUBLIC SPEAKING FOR LAWYERS (SECOND EDITION)
By BRIAN K. JOHNSON AND MARSHA HUNTER

著作权合同登记号
图字：01-2021-6334

作 者 简 介

布莱恩·K 约翰逊

每年培训数百名律师，帮助他们提升沟通技能和说服力。他为演讲者提供个性化、及时有效的演讲建议，帮助他们在重要场合开展姿势自然、思路清晰的演讲。他经常在律所培训高级合伙人，帮助他们百尺竿头更进一步。

约翰逊作为法律职业沟通顾问已有35年之久。他关于沟通技巧的讲座自1988年以来一直在全国审判技巧研究院（NITA）就全国范围内开展的历时两周的庭审技能培训班开幕式上播放。2000年他荣获了该研究院颁发的马歇尔荣誉奖，约翰逊是第一个以非法律人身份获奖的学者。

他曾作为庭审辩护访问学者就读于美国田纳西大学、天普大学法学院、太平洋大学麦克乔治法学院，以及位于英国北爱尔兰的贝尔法斯特女王大学法律研究中心。作为庭审顾问，约翰逊与出庭辩护律师一起为证人出庭作证提供帮助。他提供咨询的法律案件涉及因特网浏览器、乳房移植、医疗设备、金融服务、航空公司以及专利侵权等。他为上述案件赢得了数十亿美元的裁决。

玛莎·亨特

法律沟通专家，专门培训律师在各种场合流利、自信地讲话或辩论。她所指导的辩护律师提高了辩护技能、交易律师提升了报告质量。接受培训后，律师口头表达更加流畅、更加能言善辩。

她曾在全国审判技巧研究院（NITA）、美国司法部、美国律师学会、顶尖律所和法学院、从英国贝尔法斯特市到澳大利亚塔斯马尼亚州的多个律师协会讲授沟通的技巧。

对本书和作者的各方赞誉

约翰逊和亨特所著《能言善辩》一书，内容易于理解，所提建议易于实行。本书编排合理，逻辑清晰，书中总结的内容富有价值，毫无赘言。书中介绍的实用技巧和建议，让我有信心成为我所从事的领域中的佼佼者。对于即将到来的发言，我充满期待，毫无畏惧。

——加州洛杉矶市，奥斯顿与伯德律师事务所合伙人　托马斯·科恩

约翰逊和亨特提供的不仅是一个强大的“工具箱”，他们以简洁明了的语言和易于理解的隐喻介绍了相当多的科学知识，让你明白如何巧妙地发挥身体与生俱来的能力和大脑操作系统的最大优势。

——纽约州布法罗市，纽约州立大学布法罗法学院法学副教授　迈克尔·哈伯斯坦

此书可以为每位律师提供实用、有趣的建议，教他们如何运用自己的身体、头脑和声音成为一名有效、自信的演讲者。简单、循序渐进的练习可以帮助你理解和应用这些技巧，从而有技巧性地进行沟通。当我在一个重要的演讲中注意到自己在晃动身体时，他们的那句“脚跟站稳，站直不动”便立即浮现在脑海中，我随即感到平静、自信了许多。

——亚利桑那州女律师协会　泰瑞·泰勒

《能言善辩》会引导你抓住机会做好公众演讲。它提供了引人深思的、具有原创性的、令人信服的口头表达技巧。书中清晰地阐述了鲜少作者会考虑的重要话题——诸如该如何运用四肢、如何练习演讲以及 PPT 是视觉辅助工具还是障碍。由于作者个性鲜明，本书读起来很有意思。如果你采用书中的方法，你的听众也能与你更好地互动并且会喜欢上你。

——明尼苏达州明尼阿波利斯市德汇律师事务所法律顾问　威廉·J. 维尔兹

献给支持我们的兄弟姐妹：布鲁斯和珍妮

前　言

20 世纪 90 年代初，我有幸观察得克萨斯最出色的出庭律师之一乔·贾马尔（Joe Jamail）在庭辩时的举止，那种感觉就像在观看 7 月 4 日国庆日的烟花表演。他用声音和手势点燃了整个法庭，在为当事人辩护的同时力压对方。他常用丰富的动作阐述观点，策略性地运用身体、头脑和声音，动作一气呵成，以此说服陪审团投票支持自己的主张。在那之后不久，我加入了一家位居美国律所排名前 50 强的律所，担任律师招聘和培训部门的主管。我错误地认为所有的律师都天生拥有具有掌控力和说服力的沟通能力。20 多年来，我在全国多家顶级律所聘用和培训了数千名律师，如今我才意识到我错了。出色的沟通者并非天生的，而是可以通过后天的实战和训练塑造而成。

律师需掌握的最关键技能

认为只有辩护律师或诉讼律师需要沟通技巧，这种观点是错误的。对于任何领域内的成功律师而言，掌握沟通技巧是一项基本技能。事实上，通过对 1000 多名律师进行培训和研究，我发现沟通能力是优秀律师身上“最重要的特质”之一。

研究发现，高智商仅是能在法律行业取得成功的一半因素。评判律师好坏不仅要依据他们所表达的观点，还要看他们表达观点的方式。一个对听众缺乏影响力的律师——无论听众是当事人、公司董事会、法官还是对方律师——不会被认为是沟通能力强、聪明或高效的律师。良好的沟通技巧能让演讲者和他的演讲观点增加权威性，从而增强听众对他的信心。

加强听众对演讲者的信心，不仅是在法庭辩论或者其他构造性场景演讲所需要的重要技能，而且是一项必要的日常技能。刚从业的律师必须在每次谈话中说服合伙人，让他们相信自己足够聪明、足够自信，能够完成当事人最看重的工作。公司法务必须向管理层保证，他们能够满足公司重要的法律需求。所有这些互动都需要自信、清晰和有说服力的口头沟通。如果律师没有这种技能，即使再机智聪明，都将失去职业发展的宝贵机会。

但是，作为一名刚从业或经验并不丰富的律师，如何获得这种能力呢？你可以通过几十年的反复试错来期待获得和磨炼这些技能，最终在职业生涯的“暮年”成为一位优秀的沟通者，或者，你可以跟随在沟通领域受人尊敬的专家学习行之有效的技巧，加快学习沟通方法。

布莱恩、玛莎和这本书的用武之地就在此处。

如何成为能言善辩的律师

无论你是否需要向听众介绍医疗法，或仅向合伙人团队简要概述你正在努力达成的一项交易，我强烈建议你阅读、内化并效仿这本书中的技能。布莱恩和玛莎把他们的技巧提炼成一套简单的指导方法，任何律师都能以此完善自身的演讲风格和沟通技巧。

本书开篇介绍了交流时有效利用身体各部位的方法。这是我们经常忽视的非语言沟通部分。看一段自己演讲的无声视频，你就会明白我的意思。你如何站立、何时走动、何处摆放双手——所有这些举止都会影响听众评价你是否有自信和有说服力。有趣的是，研究表明，相比于说话的内容或方式，你交流时的“模样”会在更大程度上影响别人对你的第一印象。

第二章和第三章介绍了大脑和声音在这个过程中扮演的重要角色。当人们不得不在脑海中组织复杂的信息并同时表达出来时，很少有人能做到“在保持思维敏捷的同时说得好”。这就是为什么我们都感受过一类演讲者的苦恼——他们逐字逐句地读自己的笔记，或过于依赖笔记而在演讲中从不抬头。布莱恩和玛莎给出了一些技巧，可以帮助律师在通过运用不同音量、音调和节奏来吸引听众注意力的同时，更有效地使用他们的笔记和可视化材料。他们也会教授律师用精练的短语交谈，毕竟，你在说话时可没有逗号、冒号和其他标点符号的帮助。你必须为听众创造空间和时间，来真正消化你所说的内容。

最后一章给出了建议，介绍了如何通过练习来协调这些运用身体、大脑和声音的方法。正如在马尔科姆·格拉德威尔（Malcolm Gladwell）所著的《异类》（The Outliers）等大量实证研究和书籍中所解释的那样，在任何领域，刻意练习是成为专家的最佳方法，也是你每天都会做的事。那么，为什么不有意识地每天练习一些不错的技巧呢？

熟能生巧

在过去的20年里，我有幸聘请布莱恩和玛莎在多个公司教授这些技能，并且发现他们的沟通技巧、教学风格和独一无二的专业知识对于所有的律师都非常有效和有意义，无论这些律师的经验水平如何、在哪个事务部工作或来自什么地区。每次公司安排布莱恩和玛莎培训时，我知道一定会有许多翘首以待的人前来参加，尤其是合伙人。最成功的合伙人从成功和失败的经验中懂得，提升口头交流技能是他们赢得业务、说服董事会或说服法官批准动议最有效和最有力的步骤之一。

布莱恩和玛莎本人非常有效地掌握了他们所教授的技巧，并创造出循序渐进的方法，指导律师如何让身体和声音与大脑协同合作，以吸引听众的注意力——无论听众的人数是多少。

这本书绝对应该成为律师书架上被翻阅和重读次数最多、最有特色的书之一。

卡恩·乌里希·史黛西

律师指标有限责任公司总裁兼负责人

丹佛大学斯特姆法学院客座教授

目 录

引　　言

人们期望律师是优秀的公共演说家。我们如何得知的呢？当我们告诉别人我们指导律师演讲，人们都会微微一笑表示惊诧，接着问：“他们真的需要吗？”

非法律从业者往往会认为所有的律师都是优秀的演讲者，因为他们错误地认为所有律师都会经常出庭进行辩护。另一些人则认为，所有的律师都如同电影和电视剧中演员扮演的能言善辩、充满自信的出庭律师一样表达流畅——毕竟，电影和电视剧塑造了公众对律师这一职业最普遍的印象，但这一形象并不符合事实。事实上，许多非律师从业者认为，除非你通过一项测试来证明你是言语攻击型人格，由此证明你是一名有天赋的演说家，否则你甚至无法进入法学院。

但你们更清楚，过去的这些年里，我们和数千名律师交谈过，显而易见的是，一些法律专业的学生决定成为执业律师，因为他们总是无意于起身发言——尤其是在法庭上！

迟早，所有的律师几乎都会意识到，公众演讲属于法律工作的一部分。也许你必须得站在公司的会议室里和同事们交谈，或运用你的专业知识在酒店的宴会厅教授法律继续教育课程，或向潜在客户推销你的公司；也许你发现自己正站在委托人的会议室里对着董事会发言，或代表委托人向分区委员会进行演讲，或为邀请你加入其董事会的非营利组织提出募捐呼吁。当然，因为所有的律师都善于表达，这也是他们邀请你加入的原因之一。

但如果你还没遇到这些情形，那么你的机会来了。好消息是：如果你足够聪明，能通过法学院的考试和律师资格考试而成为一名律师，那么你就足够聪明能成为一名能言善辩的律师，能在任何场合、就任何你熟悉的话题、向任何群体发表演讲。你只要拥有学习相应技能的热情，就能梦想成真。即使你从未想过成为公众演说家，最终也可以成为一名出色的演讲者。本书将为你介绍必备技巧，你只需要拥有将书中技巧付诸实践的决心。

自然的悖论

精彩的公共演讲不能依靠假装、表演或编造，你必须看起来、听起来和感觉真实，这样才能显得自信从容和沉稳可靠。告诉自己“表现自然”或“保持自我”看似简单，但那只是部分解决办法——由于悖论，做到“表现自然”极具挑战性。

“自然”一词有多种定义，在此指的是你在日常生活中说话、思考和行为方式有规律并且始终如一。如果你经常做某件事，这是自然的；反之，则是不自然的。然而，当你在听众面前演讲时，一些自然的行为会让你看起来和自身感觉不自然。作为一名演讲者，你反而需要有意识地做一些不自然的行为让自己显得自然。悖论因而产生！

更复杂的是，由于这种行为中截然相反的现象，大多数人对他们的自然行为毫无意识：你无法意识到自己的自然行为，却能意识到不自然行为。因此，你不能在演讲时告诉自己要“表现自然”，因为你无法充分意识到什么才是自己的自然行为。你需要的是技巧。

◎ 身体

回想你在日常交谈中的肢体行为。你在和同事交谈时会无意识地表现出某些行为习惯。你也许会扶一扶鼻梁上的眼镜或摆弄头发；你也许会把口袋里的零钱弄得叮当作响、摆弄钢笔或者左右腿来回交换转移身体重心。但你和交谈的同事都可能无法意识到这些行为，或被这些行为分散注意力。这些行为是正常的、无意识的和自然的。

现在想象你正站着向公众发表演讲。如果你告诉自己要表现自然，那么你的身体就会完全遵循这条指令，听众看着你左右腿来回交换转移身体重心、扶鼻梁上的眼镜、梳理前额的头发、摆弄笔和把口袋里的零钱弄得叮当作响。这些行为会让你在听众面前显得“自然”吗？绝不可能。

谨慎看待公共演讲，你会发现这个自然悖论，会使完全正常的行为显得不自然。当人的肾上腺素激增时，会更加精力充沛、无意识地做出这些自然的行为，会更加频繁地摇晃身体、转移重心、扶眼镜、捋头发、摆弄笔和弄得口袋里的硬币叮当作响，这些行为会让你看起来更加不自在和不自然。在别处不会引起人注意的自然行为，在此时会显得多么明显、不自然！这真是个悖论！显然，表现“自然”并不是发现塑造个人风格的最佳方法。

◎ 大脑

有关这个悖论的另一个例子与思维过程有关。如果是交谈，双方可以自然地交流思想，但你可能会被要求在听众面前演讲大约一个小时。那是不自然的！你可能遇到过这种情形：在交谈中，你不停地说一个小时，然后对你的朋友或同事说“你觉得呢?”（没人希望有这种谈话!）因此，你的大脑组织、记忆会使不间断地谈论某件事长达一个小时显得不自然。这是一个公众演讲者所面临的认知挑战。

◎ 声音

演讲时你的声音必须足够大，让声音充满整个房间，让听众都能听到你的声音。如果你本身声音较为柔和，大声说话可能会让你觉得非常不自然。然而，如果后排有人大喊，“请大声点——我们听不见你的声音”，你却无法予以回应，只能道歉：“对不起，我不习惯大声说话。”因此，无论你觉得是否自然，都必须要让观众听清声音。

此外，你必须能够控制演讲的速度，排除演讲中来自“思维噪音”的干扰，判断听众对最复杂观点的理解程度，并在压力前选择合适的词语。在公众演讲中，有意识地使用声音和有技巧地进行表达是必备技能。

◎ 技巧

很明显，仅仅“保持自我”无法让你成为一位优秀的演讲者，也无法让你的行为“显得自然”。发现真正属于自己的个人风格需要掌握一种可靠的方法，它会针对一些挑战性难题为你提供可靠的答案，诸如在观众前控制眼神、声音和表现自然。你控制自己身体的方式会影响你的大脑记忆力和声音的清晰度。在改进和完善这个技巧的过程中，你会从“自我意识”提升到“自我认知”，直至最后达到“自我控制”。一旦掌握技巧，公共演讲所需要的技能就会成为你的第二天性。

第一章

身　　体

你在起身向听众做公众演讲时，应表现得自信从容、沉稳可靠。你站立、走动的姿势，呼吸和做手势的方式以及你注视他人的目光，都会在很大程度上影响听众对你的评价。听众在听你说话时会下意识地观察你的行为举止、评估你的可信度。如果你的行为流露出紧张和不安，那么他们也会感觉不自在；但若你充满自信和激情，他们就会被你的话题吸引而并非你本人。为了表现出色，即使内心紧张也能始终表现得自信从容、沉稳可靠、精力充沛，你就需要掌握控制身体的技巧，以保证万无一失。

由于肾上腺素是影响你表现的主要因素，因此，了解肾上腺素的功能对于演讲者而言，同样至关重要。焦虑和兴奋感必然会引发肾上腺素的分泌，通过人体系统释放出多余的能量，从而导致许多演讲者来回踱步或晃动身体、呼吸短促、手势笨拙且不安地摆弄双手。就连眼睛也会受到肾上腺素的影响：焦虑会让发言者的眼神四处游离，难以聚精会神，从而无法与听众进行眼神交流。然而，懂得如何控制呼吸、眼神以及双腿、双臂和双手的活动，你就能利用肾上腺素产生的能量引导身体做出恰当反应。

指导性训练会有助于你掌握让自己的言谈举止更加恰当得体的方法。你可以将期望拥有的举止变成自己的行为习惯，从而有意识地控制身体。这样，你就能学会控制情绪，在每次发言时表现得自信从容。

了解肾上腺素

肾上腺素是肾上腺分泌的一种天然激素。在需要更多的能量进行自我保护、逃离危险或应对工作压力时，身体会本能地发出信号，此时肾上腺素就会激增并流经全身。临场压力之下的人们通常会有正面、积极的反应，如感到兴奋或充满期待。运动员会因参加重大赛事而“感到兴奋”，这是肾上腺素激增而引起的身体反应。肾上腺素也可以产生运动员所需的额外能量，促使他们把球扔得更远或跑得更快，并帮助他们在激烈的比赛中聚精会神。对于演讲中的表现而言，肾上腺素也能带来积极要素。

人体会因诸如紧张、焦虑和恐慌等负面压力而释放肾上腺素。过度精神紧张通常被称为“战逃反应”综合征①，因为肾

① 当人的情绪在极度状况（如惊吓）下，交感神经系统往往会集体活化起来，所释放出的正肾上腺素与肾上腺素就会造成全身内脏器官的大量活动。这种因为交感神经系统的集体活动所产生的全身性反应称为“战逃反应”（fight or flight response）。20 世纪 20 年代，美国生理学家沃尔特·坎农首次把这些反应描述为“战逃反应”。参见“战逃反应”词条，载搜狗百科：https：//baike. sogou. com/v70136317. htm？ fromTitle = 战逃反应。

上腺素会分别激活我们手臂和腿部的肌肉以帮助我们反抗和逃跑。

身处现代社会，我们不必像从前那样需要逃避掠食者，但我们都感受过肾上腺素产生能量带来的影响，这种能量可以让我们四肢颤抖。如果你在起身发言时双手会颤抖，这是因为肾上腺素的分泌让手臂肌肉处于“战备状态”；如果你双膝会相叩，则是由于肾上腺素在向大腿和股四头肌注入额外的能量，为你逃离危险做好准备。而身体颤抖的原因是，身体的每块肌肉都会与另一块肌肉协同起作用（比如，小臂的运动是肱二头肌和肱三头肌的共同作用），当肾上腺素同时激活相邻两块肌肉时，它们会绷紧并相互撕拉，从而引起手臂或腿部的颤抖。

所谓“心里七上八下”的感觉，是一种常见的精神紧张的表现，产生于呼吸肌。肾上腺素的分泌使位于肋骨中的膈肌和肋间肌产生反应而互相撕扯，由此产生“七上八下”的感觉。在发言过程中，身体的颤抖有时可以通过声音表现出来。因为在肌肉过度紧张而无法提供充分的气息支持时，你会变得声音颤抖或沙哑，无法大声说话。你极易因为“七上八下”的感觉而分心，从而无法发挥自己最能言善辩的状态。

对许多演讲者而言，兴奋和紧张感的交织会引起肾上腺素的激增。实际上，发言中所面临的挑战可能会令人精神振奋，也可能会让人精神崩溃——这种感觉通常比较微弱，有时则会非常强烈。甚至连经验丰富的律师也承认他们经历过这种情形。虽然无法预测你的身体于某个时刻所分泌肾上腺素的量，但你至少能感受到肾上腺素带来的某些影响。无论其产生的原因是什么，肾上腺素的奥秘就是，它会以最有效、最恰当的方式传送相应的能量。

如果肾上腺素没有被传送和释放，就会引发各种不恰当的、无意识的举止，从而让你感到并显得局促不安。然而，如果了解了身体战斗、逃跑、僵住等下意识的反应，你就能通过主动控制身体的某些部位，来克服肾上腺素产生的负面影响。

在准备面见审判者或证人时，你可能会发觉体内肾上腺素的激增。你可以在发言前静默几秒钟从而有意识地控制自己的行为。静默的这几秒钟内，你可以执行一份简短的“身体动作一览表”，做好身体准备并集中注意力。奥运会运动员也会采用在赛前保持沉默的方法，为跳水、高山滑雪或中长跑竞赛等比赛做好准备。这些优秀运动员有自身的准备习惯，你也会形成属于你自己的行为习惯。

行为习惯之典范

1993 年，一位 72 岁的退休老人来到位于加利福尼亚州河畔的篮球场，连续命中了 2750 次罚球。对自己的投球技术充满信心的汤姆·安伯利（Tom Amberry）医生邀请了 10 个见证人，为自己提交的吉尼斯世界纪录签署宣誓书。他坦然承认自己从未是一名优秀的运动员。那么，他是如何创造这一奇迹的呢？安伯利医生在《罚球：罚球线上的七个步骤》一书中描述到，思维习惯和行为习惯让他拥有超凡的控制力和保持动作一致性的能力。安伯利医生投篮前的所有动作构成了一套固定的动作习惯。他会在两次投篮的间隙执行一遍“身体动作一览表”：怎样站稳、呼吸，拍几次球，如何用手指持球、盯篮框——在 2750 次投篮中，他每次的动作几乎完全一致。固定的动作习惯，使他能在篮球场上有如此非凡的表现。正如安伯利医生的成就所证明的，坚持不变的习惯和运动心理学上的其他发现，可以帮助你出色地完成公众演讲。

运动心理学家教导我们，想有高水平的表现，需要培养思维习惯和行为习惯，并以此为基础塑造自身的行为举止。习惯的作用，体现在反复的练习能够实现大脑和身体的互相控制，这样，身体和大脑就能通过协同合作来控制情绪。

因此，你需要设计和完善一系列行为习惯并形成固定的个人风格，以便在每次起身发言时采用。随着时间的推移，这些习惯会成为你的“第二天性”，让经过训练的行为显得非常自然；但实际上，这是掌握技巧和勤于练习的结果。

对行为习惯的依赖，会让你的大脑前额叶皮质（大脑中负责高级智力活动的功能区域）不受踱步、内心不安或做手势所带来的干扰，并确保你的身体动作会由运动皮层（负责监督大脑中自然、自发的活动）控制。如此一来，你的大脑前额叶皮质可以专注于更重要的事情，如发言的内容和语言表达方式。因此，通过养成自身行为习惯，你的身体可以本能地活动，手势也会做得自然。

自身的动作习惯包括从双脚到头部的动作。你可以在脑海中对照“身体动作一览表”定位和协调身体的各个部位：双脚、膝盖、臀部、手臂和眼神，并调整呼吸和面部表情。这种快速的对照检查有助于你在每次起身发言时控制和调整身体，从而呈现出最佳状态。

自上而下地将全身每个部位的动作快速地想一遍，同时注意调整身体各部位的细节动作，将自己的身体作为辅助你记住行为习惯的工具。

控制下半身

在大多数运动项目中，运动员会先调整双脚以确定合适的姿势。高尔夫球运动员调整好站姿后才挥杆；棒球运动员会习惯性地先站在击球区，然后再挥棒；篮球运动员会在罚球线上确定位置后再投篮。同样，发言者要首先站稳脚跟。

◎ 站稳脚跟

双脚分开站立，两脚间应保持适当的距离。双脚间距离不宜近到并拢鞋子，否则会站不稳或不舒服；双脚距离也不宜太远，否则会让你看起来像个西部枪手。你可以在这两种距离间调整双脚以找到合适的站姿。切勿像踩着滑雪板滑行一样让双脚平行站立，因为这种完全对称的站姿会让你看起来像一位立正的士兵，略显呆板和木讷；也不要交叉脚踝，因为这样会显得过于随意。相反，你可以试着将一只脚（根据你的习惯选择）放在另一只脚前方 1 英寸至 2 英寸处，双脚稍微错开。这种略微不对称的站姿反而会让你看上去更加放松。

现在就起身，试着找到适合自己的站姿吧。你最好能站在全身镜前观察站姿，并最终确定一种让自己满意的姿势，并在每次法庭发言时采用。这种习惯会很快成为你的第二天性，你就能像运动员一样不假思索地摆出应有的站姿。

你要在开口说话前先站稳不动，站姿摆好后停顿几秒，做个深呼吸并体会稳稳地站在地面上的感觉。

◎ 站直别动

牛顿第一运动定律也适用于公众演讲的过程：静止状态下的身体趋向于保持静止；而运动中的身体则趋向于继续运动。你在站稳不动时，会显得冷静、从容、有自控力，你的身体会倾向于保持静止状态。但如果你在发言时走动，身体则倾向于保持运动状态——而且可能会一直停不下来。随意地走动还会让你显得紧张不安。由于肾上腺素会刺激你的腿部肌肉，你会不自觉地摇晃和扭动身体、踱步或拖着脚走，而这些下意识的行为并不可取。因此，你要遵循牛顿第一运动定律：开始发言时保持站稳不乱动。

◎ 双膝放松

在这一系列行为习惯中，接下来你要做的是，摆正膝盖和臀部。不要向后抻膝盖，要收紧大腿肌肉并向上提拉膝关节，同时保持膝盖的灵活性以便平衡身体。想一想你乘坐公交或地铁时膝盖的状态，即车门关闭或车即将开动时你的膝盖是怎么调整的。在身体前倾时，你会微微弯曲膝盖以保持平衡，这种调整是微妙且难以察觉的。火车驶出车站时你的身体会突然前倾，虽然此时你的膝盖没有像蹲下时那样弯曲，但它们的调整足以灵活应对这一情况。

灵活的膝盖可以让你即使长时间站立不动也不会感到不适。你可以站起来做一个简单的实验来体会这种微妙的感觉：将膝盖向后推，直到感觉不适从而把膝盖锁住，接着微微下蹲以使双膝向前移动，然后找到能正好让膝关节放松、灵活的状态。你可以在“身体动作一览表”上的“站稳脚跟”步骤后加上“双膝放松”这一步骤，继续自下而上地活动身体的各个部位。

◎ 摆正臀部

摆正臀部可以让两条腿平均承担躯干的重量。虽然在站立时，将身体重量和臀部偏向一侧会让你暂时觉得很舒服，但这种重心偏移的姿势会让你的某条腿承受身体的大部分重量。最终，你会因这条腿感到疲劳而把身体的重量转移至另一条腿上。由于两条腿会交替感到疲劳，所以身体的重量会不断地在两腿间来回转换，你的身体不久便会左右摇晃。身体的晃动不仅会分散听众的注意力，也会让你显得紧张。然而，你仍要注意让身体保持一定程度的放松和灵活，而不能让身体如同深陷混凝土一样僵硬。因此，你既不能频繁地晃动身体，也不能让身体显得过于僵硬、呆板。

穿高跟鞋的女性，应意识到高跟鞋可以巧妙地将身体的重量前移至脚趾上，使臀部后移、上提并且缩紧背部下半部分的肌肉。为了应对这一现象，你可以有意识地将骨盆摆正、置于双脚正上方，并将盆骨微微向前转动——舞者将其称为“收紧尾骨”，这样做可以拉伸并放松背部下半部分的肌肉。

在站稳脚跟、双膝放松、摆正双臀后，你就能有意识地控制身体中体积最大的肌肉——臀部、大腿和小腿上的肌肉，这样，你即使在紧张状态下也能控制体内的肾上腺素并站稳。在法庭上首次起身时，你要先站稳，接着有意识地选择何时向何地开始走动。即使得到允许，你也要有目的地走动。

◎ 有目的地走动

你在公开发言时的任何走动应与你的言语和观点相符合。你有目的地走动的情形可能是这样的：你要开始讨论一个新的话题，于是走到一个新的位置，说“我们已经探讨了规定内容的改变，现在来谈谈这些变化对当事人的影响”，或是，“我们已经讨论了专利，现在我想重点谈谈许可协议”。一旦你走到新的位置，就要站着说完新的话题。这种有目的地走动有助于听众了解你的陈述结构。走动意味着新话题的开始，且能重新吸引已经走神的听众的注意力和再次关注。

你的每一次走动必须都是大脑思考的结果，而不能取决于被肾上腺素驱使的腿部肌肉。你身上体积最大的肌肉被肾上腺素激活后会自发运动。这种走动是受本能和荷尔蒙的影响而产生的自然行为，但由于这种行为会让你显得很别扭，所以并不可取。随意走动会消耗和分散腿部的肾上腺素，因此你可能会感到舒适。但你一定要忍住这种随意走动的冲动，确保你的行动都是恰当、自然的。

由静转动才能展现出力量，因为由静到动的转变会引发关注。来回不停地踱步会削弱走动带来的冲击力。不要误以为持续的走动会引起听众的兴趣，也不要被电视节目中发言者常有的动作误导。摄像机镜头会随着演讲者的走动而移动，以获得多样化的镜头视觉效果。摄像机可以移动，而观众不用，因为电视是静止的，观众几乎不用移动目光。但在日常生活中，如果不得不面对一位不停走动的发言者，听众则需要像摄像机一样来回移动目光，如同盯着网球比赛中运动的球。他们会很快因此而感到疲倦。

漫无目的地踱步会让观众感到视觉单调，像催眠师的怀表一样规律而持续地走动则会让听众犯困。你来回走动时，会有一半的时间背对听众，这取决于听众的数量和位置。你每次转身朝相反的方向走动时，都会背对一部分听众。他们会因无法看到你的脸而倍感无聊。

因此，你最好站立在中央位置。当你有目的地走到一个新位置后，要保持站立不动。这样听众就能看到你的脸，你也可以看着他们的眼睛来陈述事实。眼神交流是增强说服力的关键因素，但你如果来回踱步，则无法与听众保持眼神交流。

你走动的次数在很大程度上取决于个人风格。一些优秀的演讲者很少走动，而另一些同样优秀的交流者则经常变换位置。你要理性地决定将在何时何地走动。通常在谈及一些话题尤其是最重要的话题时，你可以走动并借此示意话题间的过渡。你可以通过设计和练习，确保这种走动会对你的发言有帮助，或者你可以跟随直觉，临场决定是否应该走动。

走动可以体现个人风格，但并不是实现有影响力的演讲的硬性要求或必要条件。如果你觉得走动不是自己的风格，那就不必走动。一旦你能做到站稳脚跟、双膝放松、摆正臀部、站立不乱动和有目的地走动，就能有意识地控制从腰部到双脚的身体部位，并确定站立发言的位置。接下来，你要注意身体的中间部位，即产生深呼吸的位置——下半身。

有意识地控制呼吸

有意识地呼吸，是你能习惯运用的、最有效且简单的技巧之一。你的呼吸方法会直接影响你的感觉以及思考、说话的方式。有意识地控制呼吸可以帮你平静心情、发出声音和清醒大脑。

大家都熟知利用呼吸控制情绪的技巧。在别人心烦意乱时，我们常说："你太焦虑了，试着做个深呼吸吧。"做几次深呼吸的确能让人镇定，因为呼吸和情感有直接的联系。我们处于放松状态时，会延长吸气时间并放缓呼气速度。而当我们紧张、焦虑或惊慌失措时，肾上腺素会让我们加速呼吸。

此刻读这本书时，你的呼吸是无意识的。但你如果在读这句话的时候加快呼吸速度，就能感受到呼吸和情感之间的联系。试着呼吸得更快、更浅一些。你呼吸的速度越快，就越容易引发情绪反应。现在，在继续阅读本书的同时，试着模仿你在恐慌时呼吸的状态，即呼吸速度更快、声音更大。这样做会让你开始感到恐慌。如果你模仿紧张状态下的呼吸动作，即快而浅地呼吸，则会开始感到紧张。因此，此刻你的呼吸变得急促就不足为奇了！

幸好，有意识地呼吸也会产生积极的效果。如果你呼吸得舒适而放松，即使实际上你并不这么觉得，你也能应对内心的紧张感。如果你长时间地深呼吸，则会感受到度假时躺在草坪的长椅上所享受的安逸。这是因为呼吸和感觉是互相影响的。有意地放缓吸气和呼气的速度，这种呼吸方法其实是在模仿你在最舒服时身体呼吸系统的运动过程。你可以在接下来的阅读中，有意识地、充分放松地呼吸几次，体会由此带来的不同感受。有意识地深呼吸会让你感到极其舒服。尽管这种呼吸技巧无法消除你的紧张感，但有助于缓解你的焦虑感。

当你自然地呼吸时，呼吸系统是由你的自主神经系统控制的，该系统也控制心跳、眨眼和其他人体的重要功能。你可以在任意时间有意识地控制自主神经系统，进而控制呼吸系统。此时有意识地呼吸会让你平静下来、感觉更舒服些。

◎ 有意识呼吸的技巧

肺部位于上半身，受胸腔保护。横膈膜是呼吸过程中发挥主要作用的结构，是一种位于肺部下方和重要器官顶部的穹顶状肌肉。你向肺部吸气时，横膈膜肌肉会变平、向腰部下压，以形成局部真空并将空气吸入肺部。横膈膜下移时，腹壁向前移动，肋间肌轻轻外拉胸腔。你的肺部充满空气、横膈膜变平时，内脏会被向下和向前推。因此，即使肺部位于上半身，深呼吸却产生于下半身，此时腹壁或腹腔会向前移动。你在做深呼吸时，会感受到胃部在顶着腰带轻轻地向前推动。这个动作幅度不大，你也无须为这一过程如此细微而感到惊讶。还有一点要注意的是，你的双肩不会随着肺部的扩张而耸高，因为你只有在用力过猛时，上半身和肩膀才会上下起伏。

如果想体验彻底的深呼吸，你可以试着做这种练习：先将空气吸入肺部，然后尽力呼出所有气体以排空肺部气体。接着继续呼气，在感觉几乎必须再次吸气时尽力呼出肺部的最后一点气体。最终，当你感觉肺部的气体已经完全排空后，再吸气，这时你会感到空气正冲回肺部。这个过程才是真正的、充分的深呼吸。你可以再试一次：呼气时排空肺部气体，吸气时感受空气冲入肺部。当你面对听众发言时，应激活需长时间发挥作用的呼吸肌。尽管你在演讲时不用排空肺部空气，但了解肺部惊人的却尚未发掘的潜力是至关重要的。

越早地控制呼吸，你会觉得越好。不要等到站在听众前时才关注自己的呼吸。你应在起身前几分钟做几次深呼吸。当然，如果你能提前几个小时开始有意识地呼吸则更好。你进入室内时，要做几次深呼吸；你开车赶往要进行发言的地方时，可以缓慢地、有节奏地呼吸三次；当早上闹钟响起，你因考虑当天的日程而感受到肾上腺素的第一次激增时，就在起床前有意识地做几次深呼吸。

◎ 吸气和说话

你一旦通过有意识地呼吸让自己感觉更舒服，就可以用同样的呼吸方式来实现第二个目标——有底气地说话。第三章会更全面地介绍呼吸与说话之间的联系，这里要说明的是这种联系在身体习惯的准备工作中的重要性。

舞台演员把在舞台上呼吸和说话之间的联系称为“气息支持”。人们凭着肺部的空气量来支持和表现自己的声音。声音大小同肺部的空气量成正比。肺部空气越少音量会越小；空气越多音量就越大。如果你能在坐着时就开始控制呼吸，那么在起身发言时就能获得更多的空气。如果你天生声音柔和，那么只有一种方法可以帮你提高音量：吸入更多的空气。由于大声说话需要更多的空气流出肺部，所以你必须在吸气时吸入更多的空气。吸入更多的空气可以让你发出的声音更有力度，你在发声的同时会呼出肺部的气体。

帕齐·罗登堡来自伦敦皇家歌剧院，是一位杰出的语音教练，他把说话的过程描述为“吸气，说话”，即通过吸气填充肺部，然后在说话时呼出气体。气息通过气管和喉咙向上流动，形成的气流会引起声带的振动。所以，你应在肺部充满空气时说话，不要犯“在呼气后试图说话”的错误，也就是要先吸气，等肺部充满气体后再开口说话。

◎ 给思考时的大脑供氧

你会发现有意识呼吸的第三个好处。肺部的含氧量会随着呼吸效率的提高而升高，氧气会扩散入血液并在全身循环——包括大脑。脑部消耗的氧气大约是吸入人体内氧气含量的20%。呼吸效率越高、程度越深，供应给肺部、血液和大脑的氧气就越充足。因此，有意识地呼吸有助于你快速、清晰地思考。

既然呼吸能让你的感觉更舒服、发言更精彩、思维更敏捷，那么你越早开始有意识地呼吸，就越易保持并更好地控制这种呼吸方式。正如站稳不动可以控制腿部的肾上腺素，控制呼吸能够防止肾上腺素加速呼吸。

你面临的挑战还包括传送和释放肾上腺素提供的巨大能量，为了适当地释放出这些能量，你需要使用双臂、双手和肩膀。

如何运用双手？

如何运用双手？许多演讲者都深受该问题的困扰。如果你希望表现从容，似乎就应当自然地做手势。但根据在前言中所讨论的自然悖论，这一建议并无帮助，因为你并不知道自己自然状态下的手势是什么。因此，“自然地做手势”顶多只是一个不完整的答案。

这一问题的常见错误答案是“不要做手势”。有些人观念陈旧，坚持认为演讲时做手势是不恰当的行为。律师和法律专业的学生通常会被要求把手放在讲台上或身体两侧，以避免做手势会分散听众的注意力。然而，这种观点存在三个问题：（1）缺乏科学证据的支持；（2）抑制自己的手势是一种不自然的行为；（3）这并非有能力的律师的行为方式。如果你想表现自然，那么将双臂垂放于身体两侧或用双手紧抓讲台的方式都较为不妥。

用法庭上的常用语来说，做手势会分散注意力的说法就是典型的谣言。神经系统科学家和社会科学家发现，在人的大脑中，手势和语言的形成是紧密相关的。神经学和认知学领域的研究已经完全证明，手势是语言和思维形成中不可分割的一部分。为了表现从容、感觉舒适、说话流畅和思维敏捷，做手势都是必要的选择。因为手势不仅能加强语言的表现力，还有助于身体传送和释放肾上腺素产生的能量。

每个人都会做手势，只是使用的频率不同罢了。但所有人都会在交谈时做手势，尤其是在兴致勃勃的说话过程中。而且，手势在演讲中是不可或缺的。看到这儿，你可能会自言自语："但我就不做手势啊！我敢肯定我没有做手势。"你未意识到自己做手势的原因是，做手势是出于本能的行为，而不受有意识的思维的控制。

◎ 手势自然的学问

心理学家雅娜·艾弗森（Jana Iverson）博士在一次意大利之行后得到启发，开始研究手势的起源。她在研究中提出了以下问题：我们是否会通过观察来学习他人的手势？换句话说，在孩子学习说话的阶段，他们也在通过观察和模仿学习手势吗？或者，做手势是人脑固有的能力吗？也就是说，做手势是我们的本能还是后天学习的结果？为此，艾弗森博士观察和研究了先天性失明的孩子与他人交谈的情况。

艾弗森博士发现了一些令人惊讶的现象。先天性失明的孩子在说话时会使用手势，即使他们知道对方是盲人时也依然如此。这些孩子做出的手势和视力正常的对照组内的孩子所做的手势是一样的。从未见过手势的人怎么会做手势呢？艾弗森博士的研究揭示了大脑中手势形成和语言形成之间的内在联系。艾弗森博士写道："即使明知对方是盲人，从未见过手势的人（在交谈中）仍会做手势。这个事实表明，手势和语言在我们大脑中的形成是以某种非常基本的方式紧密相连的。"做手势不仅有助于演讲者组织语言，而且有助于听众理解所听到的内容。

《语言与社会互动研究》杂志出版过一期专刊，名为《社会互动中的手势与解读》，其中的研究揭示了思考、说话、做手势和聆听之间的重要联系。一项研究表明，相比未使用手势的讲述，边做手势边讲述可以将听众的理解力提升一倍。另一项研究是向研究对象讲述一个简短的故事，然后给出一个不完整的该故事手抄本，要求研究对象补充缺漏的内容。研究人员最终得出的结论是："在研究对象所补充的内容中准确度较高的部分，是之前配有明确手势讲述的内容。"这些例子均表明，做手势有助于听众记住你的发言。

手势可以微妙地暗示你的意图和观点，这是有助于听众理解的关键，也能便于他们更好地理解你的演讲。如果想让人们理解、记住并相信你所说的话，手势必不可少。

做手势还可以帮你记住演讲内容，让你表现得更精彩。宾夕法尼亚大学的亚当·肯登的实验表明，手势可以帮助发言者回忆起合适的词语。《心理科学》杂志报道了芝加哥大学的苏珊·戈尔丁－梅多（Susan Goldin－Meadow）博士和同事们的一项发现，在回忆所背单词时，被允许做手势的人比其他人回忆的单词量平均多出 20%。换句话说，手势有助于提高检索和回忆词语的能力。如果做手势能帮你多记住和回忆起 20% 的发言内容，那么它显然是增强说服力的一个关键因素。

关于说话、手势和理解间紧密联系的更多科学证据，体现在大卫·麦克尼尔的《手和思维》以及苏珊·戈尔丁－梅多的《聆听手势：双手是如何帮助我们思考的》中。神经系统学家弗兰克·R. 威尔逊的《手的使用是如何塑造大脑、语言和人类文化的》则为解答这个问题提供了人类学视角。

◎ 手势自然的艺术

英语世界中最伟大的剧作家曾经说过，手势的学问是科学与艺术相契合的完美典范。威廉·莎士比亚借用《哈姆雷特》中的主人公，提出了以下切实可行的建议。在题为《〈哈姆雷特〉送给演员的建议》的演讲中，莎士比亚建议："动作要配合台词，台词要配合动作。"

莎士比亚的建议证实了艾弗森博士的观察结论，即"在人脑中，手势和语言的形成是以某种非常基本的方式紧密联系在一起的"。手势自然的艺术和科学都要求手势应配合或符合发言内容，发言内容要在逻辑上适合双手的动作。做手势不应情绪化或戏剧化，而应自然合理。

莎士比亚的方法可以通过两步实现。首先，谨慎选择并有意识地练习你的发言开场白（切勿即兴创作开场的首句话，不能依靠临场发挥）；其次，要练习配合发言内容的手势动作。这样可以激发你协调语言和手势的能力，让你从发言开始就感觉从容且显得自然。

◎ 激活自己的专属手势

你总会有边说话边做手势的经历，你的身体会出于本能下意识地知道该如何做手势，但是你需要掌握技巧以便在每次开始发言时启动自己的手势。但想做到发言一开始就能自由地做手势且要避免动作过于随意，是极具挑战性的。你应先想好手势动作；一旦开始做手势，就无须再想。

启动自然手势类似于激活一块耗完电量的汽车电池。在这个过程中，你要用跨接线连接一块有电的电池和一块没电的电池。你转动钥匙启动开关时，有电的电池就会启动没电的电池。一旦发动机开始运转，电流就会开始流动，你就可以拔掉跨接线、盖上引擎盖，然后开车离开。

在发言开场阶段，由于忸怩不安、焦虑或认为做手势会分散注意力这种错误观念，你做手势的本能会被禁锢，恰似处于零下二十摄氏度的汽车电池会“罢工”。为了启动手势，你要把大脑当作能量来源，把有意识的思维当作跨接线并连接做手势的本能，接着转动钥匙启动。在发言开始阶段，做手势时应从容不迫，动作要配合发言内容。另外，要确保你做手势的“引擎”一直在运行。

◎ 先找感觉

在学习弹吉他、跳探戈舞或如何挥动高尔夫球杆的过程中，你在开始阶段可能会感觉自己的动作有些笨拙，但最终会找到感觉。为了学习一种新的动作技巧，你在开始阶段会热衷于思考动作细节，这一过程发生在大脑前额叶皮质区。学习弹吉他时，你会煞费苦心地琢磨每个和弦：食指应该放在这里，中指要放在那里，无名指应该放在那里，小指要放在这里……你专注练习每个和弦并不断出错，而且会为自己的演奏感到尴尬。然而，你一旦找到感觉，运动皮层就会开始发挥作用。你的手指会依靠肌肉记忆放在吉他弦上。你在想着“C 大调和弦”时，手指就自然知道该放在何处。

同样，你在第一次尝试有意识地做手势时可能会感觉别扭。别着急，这些手势实际上是自然的，是大脑有意识的活动让你觉得双手做这些动作很别扭。有意识地做手势需要掌握技巧，所以你首先要学习和练习，在练习次数足够多后，它自然就会成为第二天性。你要激发的是一种与生俱来的本能，这与学习诸如高尔夫或网球技能是不同的。不必因起初遇到的困窘而沮丧，要持续练习技巧直至找到感觉。

即使手势应体现出每个人独特的风格，但仍有些观点是普遍适用于所有人的。你观察自己和其他演讲者的手势时，要特别注意这些手势的幅度大小、持续时间以及与说话内容之间的联系。做手势时要注意观察手的具体姿态，以及双手在静止状态下所处的位置。不要只盯着演讲者的面部，要观察他们的双手。

◎ 手势区域

自然的手势具有可观察、可量化的特点。例如，人们在对话时会使用幅度相当大的手势。我们将在身前做手势的这片空间称为“手势区域”，该区域是一个较大的矩形空间，大约2英尺高、4英尺宽，垂直方向的区域是从腰部到鼻子，我们很少会在腰部以下或肩膀以上的区域做手势。水平方向的区域是身体两侧各超出约2英尺的距离——几乎是双臂完全伸展开的长度。即使坐着，你的手势动作通常也会在这一区域内完成。

你可以坐在商场、餐馆或机场里，观察周围一些生动的对话场景，并注意人们手势动作的幅度；参与会议聆听别人发言时，留意他们双手的动作；在静音的状态下观察电视剧和电影中演员的手势。你会惊讶于自然的手势幅度是如此之大。正如苏珊·戈尔丁－梅多博士的书名所表达的含义，你要学会“聆听”手势，交谈中听人们说话的内容，也要观察他们的双手，观察手势区域的大小以及语言和手势间明显的关联。

手势动作通常需要整条手臂（从肩膀到双手）的参与。

这并非意味着所有的手势都是大幅度的、舒展的动作，许多手势并非如此。但多数手势动作需要使用整条手臂来展现，伸展手臂就可以轻松占据这片区域。

使用整条手臂做手势，可以帮你避开演讲者因紧张而常犯的一个错误：做手势时只使用手腕或小臂。演讲者因焦虑会将大臂紧贴身体，仿佛肘部被固定在了肋骨上。但这样做不仅会缩小手势区域，而且会限制手势的幅度，使手势看起来不自然。幅度较小的手势看起来既不舒展也不流畅，做手势的区域也显得狭小。出于自我保护的本能，你会用手和小臂挡在重要器官前以保护自身，但这样做会让手势动作显得不果断且受约束。但这种受限制的手势只会暴露出演讲者的焦虑情绪，而对阐明说话内容的含义没有丝毫帮助。这种手势的持续时间不够长，因此，也无助于增强语言表现力。也就是莎士比亚所说的，动作与讲话内容不搭配。

除了动作幅度大且要充分利用手势区域，手势通常要持续较长时间。你可以观察人们在对话中所使用的一种手势模式所持续的时间，这与诸如握紧拳头、弯曲拇指和食指表示“OK”这些相对短暂的动作是不同的。在持续时间方面，这些具有标志性和文化特异性的手势，同对话中使用的流畅的手势模式完全不同。

在说话的同时不间断地做手势并持续几分钟的现象很常见，尤其是在人们充满激情且有理有据地说话的情况下。事实上，充满激情的发言需要流畅、放松且持续时间较长的手势做辅助。

◎ 做手势的冲动

当你需要强调某些内容，但又无法做出强调的手势时（无论是因为紧张还是认为做手势不妥），人的本能会不可避免地以某种不恰当的方式得以显现，比如，抖动手指、轻拍手腕或摆动小臂。这些动作不完全属于手势，而是想做手势的冲动行为，表明身体在本能地试图做手势，却由于忸怩和紧张没能做成。当你仔细观察这些冲动行为时，你会发现它们与语言间的直接联系。冲动行为并不仅仅表现为坐立不安，还表明了语言和手势在大脑中形成的联系。出于本能，双手知道哪些词语是重要的、需要强调的，你在说到阐明含义的关键词时会产生做手势的冲动。

在你无法做手势且只能抖动手指和摆动小臂的情况下，听众只能通过你的语言捕捉信息。如果手势受到约束，你的发言往往会单调乏味。另外，由于缺少必要的手势做辅助或使用的手势效果较弱，你将无法清晰地表达、强调观点。在这种情况下，你的语言表达效果和听众的感受都会因此受到影响。

如果你想知道做手势的冲动有多么强烈，可以回想人们在说话时把手伸进口袋的频率有多高。他们即使将手放进兜里，也无法保证双手纹丝不动；双手会将口袋里的硬币摆弄得叮当作响，永远不会闲着。因此，做手势的冲动其实并未消失，只是换了一种方式得以体现，并且有时会妨碍信息表达并影响演讲者。

总而言之，你在开始发言时，第一个手势要显得放松、流畅。为什么我们会称赞一位优秀的演讲者“她的表现真是一气呵成”呢？因为这是事实。相比较于紧张的发言者做出的快速且受约束的手势，自然的手势动作幅度更大、持续时间更长，且流畅不磕绊、缓慢而不急促。鉴于手势、说话和思考之间的关联，保持手臂和双手动作的流畅有助于语言的连贯和情感的自然流露。

◎ 不做手势时该用双手做什么

没有人会一直做手势，即使是特别喜欢做手势的人也不会一直做手势。双手在运动或静止不动时，手势会在手部动作的转换间发生变化。你的双手还需要摆出一种能被纳入“身体动作一览表”中的准备姿势。在发言前，你的双手如果已经处于随时准备做手势的状态，那么发言时所做的手势会显得自然、流畅。

准备姿势

准备姿势的概念来自对经验丰富且充满自信的演讲者的观察和询问："你们不做手势时，会把手放在哪儿?"他们给出的答案是：双手在齐腰处随意相触。不要将小臂和双手紧贴腹部，以保证它们能随时活动；要采取放松的姿势，小臂和腹部之间要留有距离。思考这种姿势是否合理。在做准备姿势时，大臂的肌肉要保持少量的张力，使双手能放置在齐腰处。如果没有这种肌肉张力，双手会下垂至腰部下方的裆部位置，随意地放在胯部前，紧张的演讲者通常会选择这种不属于准备姿势的动作。尽管在等待电梯或自动取款机时，把手置于裆前是一个完美且自然的静止姿势，但将双手置于腰部下方的位置并不利于随时活动手臂和双手以准备做手势。所以，当手臂无力地下垂时，做手势的本能难以被激发出来。

另外一些阻碍手势流畅的静止姿势包括将手放在臀部后方（双手在背后紧握，军方称为"士兵在接受检阅时的稍息姿势"），将手放在讲台上或搭在桌边。准备姿势之所以有用，是因为处于准备姿势的双手正位于经常做手势的区域：处于身体前方、与腰齐高且“伺机而动”。

请你回想：你在身体正前方拿着书阅读时，你会把手放在何处？你放置双手的位置，与手臂和双手在你吃饭、写字、计算或使用手机时所处的位置大致相同。如果想自然地做手势，那么就应该把双手置于它们经常活动的区域。

对大多数人来说，准备姿势就是：手在肚脐的正前方，肱二头肌稍微用力，手肘弯曲 90 度。而此时双手的位置正处于“手势区域”（垂直方向是从腰部至鼻子）的底部。你可以在说话前将双手放在这个位置，并在不做手势时将双手放回该位置，你会发现这样做更易于激发做手势的本能。

事实上，听众并不会注意你的准备姿势。以下内容可以证明这个令人惊讶的发现。

◎“隐形”准备姿势

我们经常在演讲时和听众说：“我已经说了四十分钟。有人注意到我不做手势时把手放在哪里吗？请举手。”有多少人举手呢？有时会有几个人，但通常没有人举手。这种现象很奇怪，大多数听众竟然会“无视”演讲者的准备姿势，尽管实际上，演讲者的双手处于准备姿势的位置恰好位于听众的视平线。难道准备姿势真的是“隐形”的？

听众会盯着你的眼睛看，而非双手。听众在听你发言时不会有意识地关注你的准备姿势，即“双手在肚脐位置随意相触”这一动作是不会引起关注的。如果你注意观察各种发言者（如当地气象员、脱口秀主持人或战地记者），就会经常看到这种准备姿势。他们都会采用这种准备姿势，只是之前你根本没注意观察而已。现在，你终于发现了以前视而不见的现象！

◎ 千万别说“绝不”

你绝不可以把手放在口袋里、背后、裤裆前的位置吗？千万别说“绝不”。这些位置有时也是可行的选择。问题是，什么时候可以把手放在这些位置？你可以把手暂时放在裤裆前、臀部后、兜里或讲台上。但是你要知道，由于静止的身体会倾向于保持静止状态，一旦双手处于其中一种静止不动的姿势，双手停留在这些位置的时间会相当长而显得不妥。在开始发言时，你要有意识地避免将双手处于静止状态。然而，你一旦释放出做手势的本能，就可以完全任由双手轮换做出各种手势。

多样性是生活的调味品，也是发言技巧。例如，你可以在聆听听众提问时趁机变换双手姿势。记住，不能长时间保持静止姿势，也不要在刚开场时就保持双手静止。

◎ 准备技巧

做准备姿势时，你的双手能以多种方式相互触碰。只要能保持双手不动并且感到舒适，就可以任意选择接触方式。扭绞双手是紧张的表现，肾上腺素带来的能量会促使双手互相摩擦，但你要学会利用这种能量帮助自己做手势。切记，你在保持双手不动时仍要做好随时做手势的准备。小臂不应长时间紧贴腹部，因为这是双手休息的姿势，而不是准备姿势。

摆好准备姿势是为了能随时开始做手势。如果你保持准备姿势过久，就会看起来像是在参加宗教活动。祈祷时需要交叉手指，但你在做准备姿势时要抑制这种冲动。如果你交叉手指，就会发觉手指间只需一点拉力就能让双手紧扣、难以分开。

如果你的腰围较大或手臂不长、有啤酒肚或处于怀孕状态，你可能需要通过调整双手和双臂的高度以适合自己的身形。尝试摆出这种姿势：肘部弯曲至 90 度、双手伸开并随时准备做手势，并试着轻轻并拢指尖。如果你已经怀孕并接近足月，那就主动选择一种准备姿势，就像在发言中用手轻轻地抚摸自己隆起的腹部一样——在回看视频时你会发现这是引人注目但略显尴尬的一幕。

◎ 握住自己的手

“握住自己的手”是一种非常有用的准备姿势，尤其能帮助极度紧张的演讲者。请试着摆出这种姿势（见图 1－1）：保持双手手掌朝前，将右手大拇指伸向外侧。再用左手轻轻地抓住右手大拇指，就像抓自行车车把一样。接着放松双手并转向肚脐，将双手放在适当的位置，这样就可以掩盖你握着拇指的真相。“握住自己的手”可以让你通过握住温暖的大拇指而得以慰藉——但你可以随时快速松开大拇指并继续做手势。这种姿势远比握笔的姿势适合你！

图 1-1 “握住自己的手”的姿势

◎ 杜绝握笔

相当多的发言者声称，他们在发言时握着笔会更加从容。为什么一个细长的塑料圆筒能带来这样的舒适感和自信心？就像在写作时拿着麦克风一样，在发言时握笔其实是不合理的行为。但是，尽管这种方式有些不妥，人们会在“该用双手做些什么”的问题面前普遍选择把笔握在手里。

显然，你可以拿笔写下需要写的内容（发言的过程中显然是不可能这样做的），但是写完就要放下笔。笔是用来写字而并非在说话中使用的。如果你握着笔，则必然会分散听众的注意力，因为你会敲笔、摆弄笔和转笔，这些无意识、烦躁不安的行为会让你无法做有效的手势。或许是肾上腺素带来的能量在促使你的双手摆弄笔，但是你要知道这些动作会惹怒听众。

律师们喜欢握笔的真正原因是什么呢？因为在握笔时双手是处于准备状态的！因此，人们常在齐腰处双手握笔。你可以保持准备姿势，但不要握笔。同样，你也不能手握马克笔、电脑遥控器、激光笔以及眼镜等其他物品。如果你需要手握东西以获得安全感，那就试着采用“握住自己的手”这种手势吧。记住，放下手里所有东西！

◎ 分散注意力的手势

每个人都碰到过这样的演讲者，其手势让人分心甚至令人生厌。让人分心的手势与有用且有效的自然手势相比，有着本质的区别。

重复的手势会显得单调从而引人注目。但如果你一再使用同样的手势，就会分散听众的注意力。这类手势会让人觉得你只是在口头表达的同时，用无聊、恼人的方式打着单调的节拍。所谓的“指挥棒手势”，则会让演讲者如同游行乐队中笨拙且平庸的指挥。因此，你要避免陷入重复做手势的情形。

不要用食指指向你的听众，因为这样会显得你在挑剔别人，而非劝说。你要克制自己，不要反复指向对方当事人。要避免做出“拇指木偶”的手势，这种手势在政客间很流行——轻轻攥住拳头，将拇指放在食指上并超出食指，这样的手势会使你看起来像个政客，如果这样，你就无法提高自身的可信度了。

你要相信自然的手势是不会反复出现而显得单调的，因为与语言密切相关的手势会是灵活多样的。

自然手势的“三R理论”

你要在练习手势时提醒自己运用“三R理论”（见图1-2）：“准备”、“做手势”和“放松”（*ready*, *release* and *relax*）。首先，双手要摆好准备姿势以“准备”做手势。你要在发言之前摆好准备姿势，并将之纳入“身体动作一览表”中。第二个“R”（*release*）要求你在开始发言时，在手势区域内“释放”手势。切勿等待，立即做手势。（下一节会详述一些特别的手势）你在说话时，双手和手臂在大部分时间内会处于“准备”姿势或“做手势”的状态。有时，为了变化动作和让自己感觉舒适，你可以采用第三个“R”（*relax*）——“放松”双臂。将手臂轻轻放下并暂时垂于身体两侧，以释放手臂肌肉的紧张感。

一旦掌握了“三R理论”，你就可以结合“做手势”和“放松”时的动作，再创造出另外两种姿势。你在用右手做手势时，可以放松左臂并垂放于身体左侧；在用左手做手势时，可以放松右臂。换言之，不要总是同时用双手做手势；分别用两只手做不同的动作效果会更好。你在做手势时可以选择只用右手、只用左手或同时用双手，这意味着你有五种方式摆放手臂。你只需轮换使用这五种姿势，在大部分情况下使用“准备”和“做手势”的姿势，但偶尔要放松双臂或其中一只手臂。

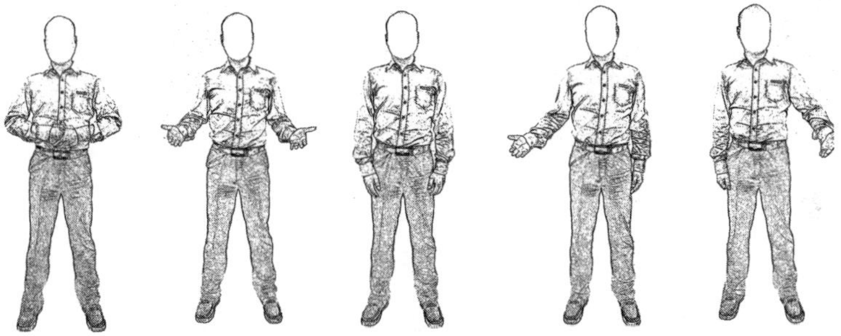

图 1－2　自然手势

如果你已经尝试过做准备姿势，却发现其用处不大，那就换用另一种方法。你不做手势时，把双手置于身体两侧并处于“放松”状态，这种姿势效果不错。但你要注意，由于放松状态下手臂肌肉是松弛的，所以如果你想要开始流畅地做手势，则需要有意识地用力抬起双臂。

◎“呈现”“竖劈”“展示”

一旦双手摆好准备姿势，你就要有意识地开始做手势。对话中常用的手势有三种（见图 1－3），有三个简单的词可以帮助你记忆：“呈现”、“竖劈”和“展示”。在私下多练习，直到你能自信从容地使用它们。

呈现　当你向听众呈现事实或论点时，双手似乎也会做出“呈现”的动作。将双手张开，手掌朝上；手指伸直并稍微分开，手指间既不是紧挨在一起，也不能分开较大距离。看着自己的双手，现在做出这种手掌向上的手势。边做“呈现”手势边说：

经济有望稳步缓慢增长。

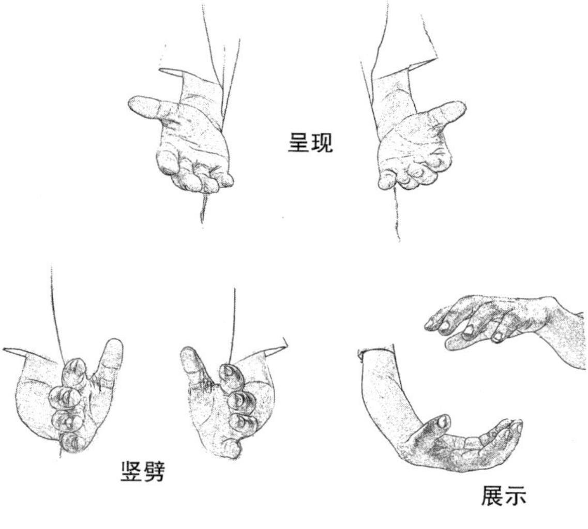

图 1－3　常用手势

你可以用一只手或双手做这个手势。

你在反问听众时使用“呈现”手势，效果会极佳。如果你在提问时用这种手势，那它就是“询问”手势：

我们能从上一次房地产市场的繁荣和萧条中吸取什么教训？

如同将放在手掌上的小物件递给证人一样，你仿佛真的把问题呈现给了对方。试着将手掌朝上摆出“询问手势”并微耸双肩。即使你不说话，该动作也能表明你在询问，因为大多数人能理解这一身体语言。

竖劈 人们在强调说话内容和手势时会侧立双手，好像在做空手道中“竖劈”的动作。如果你想强调自己的观点，让听众理解你的想法，使用这种手势会特别有效。在做强有力的口头陈述的同时，做“竖劈”手势可以增强语言表现力。你可以用一只手或双手来完成有力度的“竖劈”动作，双手分开的距离应与肩同宽。

当双手分开的距离大于肩宽时，“竖劈”的动作不仅幅度大，而且具有力度和特别强调的作用。你可以边做“竖劈”手势边说：

签署这份合同的做法极其错误！

如果你发现自己的手指会反复指向法官、陪审团或证人，那么只需转变手指方向来做“竖劈”手势即可。如果伸直拇指以外的其他四根手指，“竖劈”手势会发挥强调作用；如果伸直五根手指，他人也不会介意；但仅伸直食指做这个手势则会令人厌恶。

展示 “展示”手势有时可以展现说话内容的字面含义。你在发言时，可以用双手做动作重现字面意思：

他左手握着方向盘，右手拿着电话。

双手就如同视觉辅助工具，“展示”或演示出你所描述的内容。

在大声陈述时通过手势演示过程并熟悉这种方法，你就能不加思索地做出这些手势。

有时，“展示”手势可以阐释一个概念，为听众提供视觉辅助。这种表达方式在对话中很常见：

一方面，我很想去。但另一方面，我太忙了。

每个手势都能向听众“展示”我们正在详述的内容。比如，以下这个例子就说明了手势可以表达对立的观点。在对话时，听众可能会做出有效的回应，即“我理解你的困境”。手势可以将你所表述的内容可视化，逐字地展示给听众。试着用双手来演示这个情景：

我们应该延期该项目，还是继续向前推进？

这三种手势可以激发你做手势的本能。如果你在起初有意识地采用“呈现”、“竖劈”和“展示”手势时感到别扭，不要觉得奇怪，通过练习找到运用这些手势的感觉即可。运用“三 R 理论”（“准备”、“做手势”和“放松”）以及采用三种手势（“呈现”、“竖劈”和“展示”），可以帮你应对做手势时面临的挑战。

◎“在架子上”做手势

通过想象把想法放在“架子”上，可以帮你有效了解手势和启动手势。这个“架子”位于从腰部至鼻子这一手势区域的底部，你通常会在这一区域做出大多数自然的手势。因此，在每次起身发言时，你的面前都会有一个想象中的隐形的“架子”。你的双手所摆出的准备姿势其实是置于这个隐形“架子”上的。这个“架子”一直存在，被用来界定手势区域的底部。在观察人们在对话中使用的手势时，你会发现这些手势通常是位于齐腰高的位置——在“架子”上，即使人们坐着做手势时也是如此。

你在做“呈现”、“竖劈”或“展示”手势时，都可以利用“架子”展现手势。例如，你反问听众时做的动作，就如同用双手把一条大鱼放在“架子”上。

为了动作的多样化，你也可以只用左手或者右手在“架子”上做手势。放下书，然后在你身体前大约齐腰高的位置，用双手做“呈现”手势，接着轮换使用左手和右手做该手势。做手势时大声说：

你是如何检查冲突的呢？

你在说“如何”时要向前伸手，并保持这个姿势直到你说出“检查冲突”。

在做强调手势“竖劈”的动作时，这个隐形的“架子”就是武术家用空手道劈断木板的位置。当然，你不会那么猛力地做“竖劈”手势，但是要在齐腰高的“架子”上做这种手势。

最后，表达观点时所做的“展示”手势也要处于齐腰高的“架子”上。

现在，你可以多次练习这种手势找找感觉。

手 势 总 结

你的身体动作习惯有助于你完成做手势的准备。先调整站姿，接着摆正身体、有技巧地呼吸，并且在演讲之前让双手处于准备姿势。开口说话时，你应立即激发做手势的本能，在“架子”上做“呈现”、“竖劈”或“展示”这些手势。伸展你的手臂让“腋窝下留有空间”。思考如何做更加缓慢、流畅、动作幅度大和持续时间长的手势。现在，你对“该用双手做什么”的问题有了答案，那就多加练习吧，直至这些习惯成为你的第二天性。

姿势与调整

向上挺直身体，接下来我们要讨论的话题是“姿势”。什么姿势才是合适的？姿势，是指身体所处的位置或姿态。我们可以想象出这种完美的姿势：身体笔直挺拔，头部向上高昂。你可以在头脑中想象一位蓄势待发的运动员、站在舞台上的舞者或一列处于稍息姿势的士兵。

令人惊讶的是，你所学到的关于如何摆出合适姿势的传统观点可能是错误的。我们会让低头垂肩的孩子后展双肩，昂首挺胸。但是肩膀和胸部肌肉紧绷的感觉并不舒服。相反，你会因为紧绷上半身而显得紧张。由于这个所谓的合适的姿势让人很不自在，因此难以让人保持得住。

适当地调整你的背部、胸部、肩部、颈部和头部后，你才能摆出合适的姿势。你的整根脊柱（从尾骨向上）至头骨，必须保持在一条直线上，这样才能让位于臀部和腿部之上的躯干、颈部和头部的姿势显得优雅。但摆出合适的姿势不仅仅需要调整肩膀和胸部。

后展肩膀和挺胸是应对调整姿势的错误方法。不合适的姿势似乎是溜肩含胸所致，但问题的真正原因是肩部和胸部上方的颈部和头部的错误位置。

◎ 头部和颈部

思考自己的身形，你会把后脑勺和躯干想象成是位于同一平面吗？如果你能看到自己的侧面，你很可能会发现自己的头部和颈部是位于躯干前方的，由于你平时只能从镜子中看到自己的正面，此时镜子中前倾的头部和颈部与躯干间的距离可能会让你感到惊讶（除非你学过多年芭蕾舞或近期在军队中服役过）。一个非常糟糕的姿势是，前伸的颈部与肩膀呈 45 度角，头部位于躯干前方。当有这样姿势的人从你身边经过时，你会发现，他们的头部在牵引着身体走路。和年纪小的孩子比较，你会发现孩子们都是颈部直挺、头部位于躯干正上方。

你前倾头部和颈部时，必然会溜肩含胸。“后展双肩”或“挺胸”的方法似乎有道理，但造成溜肩含胸的原因则是头部和颈部没有处于同一直线。后展双肩、昂首挺胸的方法并不能让你的头部和颈部归位于恰当的位置。最好的方式是，重新调整头部和颈部使其处于躯干正上方并保持平衡。这样做可以让你适当地调整肩膀和胸部姿势，并消除紧张感。

◎ 挺直脊柱

舞者和舞台演员所接受的教导是，应该将合适的姿势视作一个找感觉的“目标”，而并非刻意保持某种“姿势”。你应从头顶开始让身体保持“向上”的状态。想象头顶上方有根弹力绳在轻轻地向上拉动你的头部。当头部被上拉时，你的颈部就会伸直；随着绳子轻轻地上拉，由于你既不能抬下巴也无法收下巴，你的面部会保持在自然的平面上直面前方。你的头部和颈部上移时，肩膀和胸部会随之调整到适当的位置。

即使是此刻你在坐着读这本书的时候，你也会有这种感觉。你在拉长和伸直颈部时，可以想象有一股轻柔的力量在向上拉你的头部。起身试试看。为了找到肩膀的适当位置，你可以将肩膀耸起并靠近耳朵，再轻轻放下。重复几次这一动作来放松肩部肌肉。你根本不必用力后展双肩，因为你的脊柱能够轻松撑起双肩。

只要你的头部位于躯干正上方而非前方，体形就会显得更高、姿势会愈加得体。

◎ 坐着发言

在你的职业生涯中，一定会遇到需要坐着发言的情形。无论是参与小组会议，与委托人讨论，还是在小组讨论会上对着麦克风发言，你都需要像站立时那样，注意自己的姿态。要遵循以下规则：

- 伸展你的脊椎。坐直，不要低头垂肩。
- 双脚放在地板上。

- 发言时坐在椅子边上。
- 身体不要前倾，把重心放在两肘之间。
- 手势要舒展，注意做手势的区域可能会缩小。
- 大声说话，不要离麦克风太近。

你的身体习惯包括呼吸方式和双脚、腿部、双臂、肩膀、背部、颈部和头部的动作。先做到能让头部保持在脊柱正上方合适的位置，我们接下来要探讨眼神交流时会遇到的挑战。我们先讨论关于面部的问题。

面　　部

人们不会留心观察你的手势，是因为他们不关注你的双手和手臂。他们在倾听时会把注意力集中在你的面部，尤其是眼部。由于听众会关注你的面部，所以你说话时必须注意面部表情。你对自己面部的了解是基于镜子中的映像，但这只是脸部的镜像，与他人所见的实像并不相同。你的左脸在影像中是位于右侧的，反之亦然。也许这就是看视频会令人不安的原因之一，因为视频会真实显示出你的面部，右边脸就在右边，而你并不习惯看到这种形象。你在照镜子时并不交谈、争论或质疑，你只是被动地注视自己的脸，而这会扭曲你对自身和自然的面部表情的看法。

律师们看着视频中的自己最常说的一句话是“我竟会做出这么多奇怪的面部表情!”。但这些表情对其他人而言实属正常。你在视频中所看到的不自然的面部表情，可能正是别人司空见惯的。由于面部表情也是构成行为方式的要素，你希望保持表情自然，为了做到这一点，你需要更加关注自己的面部表情及其变化。

◎ 嘴巴

注意你的嘴巴和嘴唇。面临压力时，有些人通常会紧抿嘴唇，流露出焦虑感；还有些人则会轻咬上唇或下唇。这些紧张的表情都较为不妥。相反，你的面部应显得放松和从容，而不应流露出紧张感。最好处于“适当警惕”的状态，这种状态会让你显得专注，不会流露出明显的情绪；你既不需要微笑也不用皱眉。要做出这种表情，你需要稍微分开上下唇（距离不超过0.25英寸），并通过嘴巴和鼻子呼吸。保持嘴唇微微分开，这样你就无法抿嘴唇、绷着嘴唇或咬嘴唇了。

如果你有无意识地皱眉、下意识地撇嘴的习惯，那么你尤其要注意保持适当警惕状态，否则，你可能会在听众面前紧皱眉头、闷闷不乐。微张嘴巴可以帮助你舒展眉头。

◎ 皱眉

可能会表现出紧张情绪的另一个身体部位是额头和眉毛。人在聚精会神时，通常会紧绷面部上半部分，即眉毛上方和眉间的肌肉。这种眉头紧锁、全神贯注的表情会让你显得气恼、愤怒。你可以通过身体习惯来意识到前额的状态。所以，你务必要把面部和眼部动作列入辅助记忆的“身体动作一览表”中，以避免给听众留下愁眉苦脸的负面印象。

前额肌肉的收缩使双眉挤在一起，从而形成“眉头紧锁”

的表情。将额头的肌肉轻轻向两边移动，便可舒展眉头；将眉毛稍稍提起，便可消除紧张的神情。因此，你可以在感到前额肌肉和眉头紧锁时提起双眉。你从镜子里能观察到这种微妙的效果。轻轻地活动嘴巴和额头肌肉，这会让你虽显得警觉但神态镇定，而不会看起来闷闷不乐或强装笑容。

◎ 眼神交流

人人皆知眼神交流的重要性。不管是在私人谈话中还是面对一群人说话时，眼神交流都至关重要。可信度最终取决于你对这个问题的应答："你在同我说话时能直视我吗？"你如果不能直视听众，就不能取得他们的信任。

你必须注意观察并集中注意力，有效地临场应变。如果你的眼神无法专注，你就无法做到全神贯注。在介绍"大脑"的章节中，我们就这种观点进行了深入论述，如果这一观点会影响你的眼部动作，那么对此进行思考就非常有意义。

尽管你知道应当直视别人的眼睛，但如果在背负压力的状态下发言，你会难以进行眼神交流，其中有两个原因。首先，你在思考时眼睛选择注视的地方会受到自身行为方式的影响。有些人在思考时会把目光投向天花板，有些人会盯着地板思考，而有些人则会将目光投向一侧。你无须改变自己的行为举止，但必须对其有所控制。如果你在思考接下来要说的话时将目光转向了天花板，那么不要盯着天花板看太久。你要注意自己的行为习惯并对之加以控制。短暂中止眼神交流并无大碍，但如果你的目光在天花板、地板或墙上停留太久，则会显得心烦意乱、心不在焉或一筹莫展。眼神交流的秘诀是不断地把目光转向人，而非物体。

试着遵循这个简单规则：等眼神转向另一个人之后再开口讲话。你要在停止看笔记后，抬头看着听众时说话。要抑制说话时盯着看笔记的强烈冲动。要对着人说话，而非笔记。

其次，眼神交流中会遇到的另一个挑战是，你要学会面对听众紧绷的表情。在谈话中，你偶尔会得到人们微妙的回应。他们会点头、抬眉、微笑、皱眉和发出令人宽慰的声音，以表明他们在聆听。其实我们都期望并且也需要得到某种身体和（或）语言上的回应，以证明我们正在被倾听。但实际情况是，你在面对听众发言时，几乎得不到任何反馈。

面无表情的听众几乎不会表露他们的任何想法。如果一个朋友或同事用冷漠的表情看着你，你可能会感到疑惑："怎么了？他为什么那样看着我？"他们紧绷的表情可能会令你生畏、让你分心，但对听众而言则是自然正常的，他们没有义务要用点头、微笑或皱眉对你表示回应。但值得庆幸的是，一些听众可能会做出有限的身体动作以示回应，演讲者往往会关注这些听众。但通常情况下，听众都是面无表情的。他们可能看起来不太友好，甚至充满敌意，但你切勿因此而乱了分寸。你要做的是，不管遇到什么困难，都要与所有听众进行眼神交流。

眼神交流之所以具有挑战性，其中一个原因与我们的老朋友——肾上腺素有关。阿图·葛文德在他的著作《医生的修炼——在不完美中探索行医的真相》[①] 中，介绍了针对处于工作压力下人会脸红的一项科学实验：

在几年前进行的一项独特的实验中，两位社会心理学家给受试者戴上面部温度传感器并相互连接，让他们待在一面单向镜的一侧。然后，移开镜子，让所有的观众从另一边盯着他们看。观众一半时间戴着墨镜，一半时间不戴墨镜。令人感到奇怪的是，受试者只有在能看到观众的眼睛时才会脸红。

研究造成脸红现象原因的心理学家发现，仅仅通过眼神接触，就能让身体出现生理变化。面对观众或陪审团发言时的临场压力会引发肾上腺素分泌、血压升高，并且某些发言者会出现面部、颈部严重发红的现象。特别是在发言开始阶段，当观众把全部注意力集中在发言者身上的时候，这一现象尤为明显。但是这些受试者并不用说话，并且只是在所有人的注视下静静站着，竟然会仅仅因为眼神接触就造成肾上腺素的激增以及血压、面部温度的上升。在太阳镜挡住视线而无法进行眼神交流的情况下，受试者就不会脸红。

被一群人盯着会引发“捕食者—猎物”反应和肾上腺素

---

① *Complications: A Surgeon's Notes on A Imperfect Science.*

分泌导致的“战逃反应”。这种由于他人注视而产生的生理反应，可以有助于解释为什么许多发言者在知道应该保持眼神接触的情况下，却仍然难以做到这一点。

尽管眼神交流会遇到生理挑战，但你仍可以控制眼睛所关注的焦点。即使听众表情木讷，你也要单独并且反复地看向他们。持续的眼神交流会增强你的可信度，让你感觉更加从容。

你可以使用这个简单技巧来控制你的眼睛。在说话前静默的几秒钟内，你可以看向听众的四周，并与坐在四个角落的人进行眼神交流：前排最右边，后排最右边，后排最左边和前排最左边。所有你想要与之进行眼神接触的人都在这些目标区域内。如果你能扫视一圈观众席，则会有助于大脑观察坐在你面前的所有人。

眼神接触应该持续多久？有一个例子可以与“眼神接触持续的合理时间”相类比。想象你正在花园中浇水，你的目标是均匀浇灌花园里的每一棵植物，你随意地用水管来回扫过花园里的植物。你并不想只浇透一棵植物以致冲刷掉根部的泥土，你希望均匀地浇灌所有植物。同样，当你看着听众时，眼神要保持一定的规律性和一致性。你的眼神可能会在每一双眼睛上逗留一两秒钟，但你可以营造一种感觉，仿佛你每时每刻都在与他们单独交谈。

本章前面的讨论提醒你要避免随意踱步。因为踱步会分散听众的注意力，使听众的目光随着你在房间内毫无目的地走动而移动。踱步也会打断他们与你的眼神交流。在听众面前来回踱步所造成的影响之一，就是你无法与所有人进行持续的眼神交流。你朝一边走动时，你身后的人只能看到你的背影而非双眼；当你朝着相反方向走动时，另一侧的人就难以与你进行眼神接触。所以你应在大部分时候保持站立不动、扫视四周并自然地与听众进行眼神交流。

◎ 眼睛和笔记

在需要看笔记的情况下，你不必害怕停下来读稿。因为听众并不介意你偶尔看笔记，但他们的确介意你一直看着笔记说话。如果你起身逐字地读稿，听众的感受会很糟糕。（本书第二章详细讨论笔记问题）听众不喜欢听别人读稿，但他们知道发言者偶尔需要看笔记。所以你在看笔记时不要慌张，停下来读，花时间看清楚已经讲到何处，再构思接下来要说的内容；然后抬起头注视某个听众，接着再次开口说话。

本章小结

你要能够控制和协调身体，面对这一挑战，你必须承受住压力并且控制自己有意识和无意识的行为。你有时会出于本能从容不迫地做出一些动作，如采用自然的手势。其他情况下，有意识的大脑会帮你避免做出无意识的行为，如因紧张而坐立不安或来回踱步。仅仅告诉自己“要保持自然”是行不通的。

肾上腺素是一种自然的能量来源，但如果你不了解、控制它，肾上腺素可能会招致麻烦，你在每次发言时都要做好应对的准备，要意识到肾上腺素可能会让你的双腿、手臂、双手和声音发生颤抖。

有意识地呼吸，用呼吸技巧来控制音量、平静内心。发现并释放你做手势的自然本能，并确保你在每次开始发言时都能运用手势技巧。注意调整站姿，要保持表情从容、与审判者进行眼神交流。

培养一套发言时固定采用的动作习惯，并且加以练习直至这种习惯成为你的第二天性。

自我对话

“在等待起身发言时，缓慢地深呼吸。”

“站稳脚跟、平静地吸气后再说话。”

“发言前环视所有人。”

“微张嘴巴，放松面部。”

“抬起双手，准备随时做手势。”

“启动手势，把开场白放在‘架子’上。”

“开始发言时，手势要缓慢、流畅且显得更加自然。”

“做‘呈现’手势，消除紧张感。”

第二章

大　　脑

肾上腺素会对你的大脑和肌肉产生深远的影响。你必须了解肾上腺素是如何影响你的认知过程的，并学会如何控制和传送肾上腺素的能量。

肾上腺素会改变你对时间的感知，而这会对你演讲时的表现、你是否能在压力下逻辑清晰并有理有据地发言，产生正面或负面的影响。肾上腺素有时是敌，会让你更加紧张、语速过快；但它有时亦是友，能让你感觉有足够的时间考虑要说的内容。

大多数人在公开发言中会因紧张而加快语速。其原因是，肾上腺素向发言者的大脑传送时会创造一种“时间弯曲”的假象，即感觉时间流逝的速度似乎变慢了。因此，演讲者通常会加快讲话的速度，但过快的语速会让发言者和听众难以进行思考。你在处于压力之下时，需要额外的时间来考虑自己的观点。

肾上腺素和“时间弯曲”[①]

在肾上腺素的刺激下，“时间弯曲”现象可以为肌肉补给做出“战逃反应”所需的能量。受到威胁时，你必须决定是站在原地反抗，还是转身逃跑。当你面对生死抉择时，最理想的情况是你有足够的时间可以进行权衡并作出选择。但是你没有这么多时间，你必须立即对感知到的威胁作出反应。在危机时刻，肾上腺素会改变你对时间的感知，以此帮你作出正确的决定。这一刻，时间似乎放慢了脚步，让你能进行权衡并作出最佳选择。你如果经历过生死攸关的时刻，就不会对这种现象感到陌生了。

细想这一场景：你正沿着街道朝十字路口行驶，现在是绿灯。作为一名有防范意识的驾驶员，你在接近十字路口时会左右扫视以确定没有车辆闯红灯。突然，驶来一辆车！一辆绿色

---

① 时间弯曲现象：当物体在强引力场中以接近光速的速度运动时（如接近黑洞等），时间也会随之发生变化，这一现象是在爱因斯坦的狭义和广义相对论中提出和预见到的。载 https：//baike. baidu. com/item/% E6% 97% B6% E9% 97% B4% E5% BC% AF% E6% 9B% B2% E7% 8E% B0% E8% B1% A1/3908291？ fr = aladdin。——译者注

的大型环卫车闯红灯疾驰而过，冲向你的车驾驶座一侧的车门。此时你只有三秒钟拯救自己的生命。你当时会认为自己无法保命，但如果得以幸存，你会回想起当时感觉时间变慢的情形。幸存者对他们经历的描述是一致的："我在看到那辆环卫车时，我以为自己会死！"他们通常会补充道："在那一刻，我一生的经历都闪现在眼前！"三秒钟内，你的整个人生如何能在眼前掠过呢？你经历过的往事一幕幕浮现在眼前，与此同时，你的大脑正在多个复杂选项间权衡利弊：

左转？不行，迎面有车！

右转？不行，人行道上有孩子！

急刹车？来不及了！

加速？可以，将油门踩到底！

尽管科学家们无法完全解释"时间弯曲"现象产生的原理，但正是由于肾上腺素的作用，大脑似乎才能有额外的时间来完成所有复杂的判断和分析（包括速度、质量、距离甚至道德原则），以确保自身的安全。

人类对时间的体验是高度主观的。在日常生活中，根据所处的境遇，你似乎会觉得时间过得较快或较慢。你在开心时会觉得时间快似飞矢；在百无聊赖时，则觉得时间慢如蜗行。当然，时间本身的长度是一定的：1 秒钟持续 1 秒钟，1 分钟经过 60 秒钟，1 小时耗费 60 分钟。

无论你觉得时间过得快还是慢，你对时间的主观感受也会受到大脑在特定时刻所处理的信息量的影响。在肾上腺素激增期间，在你对感知到的威胁立即作出分析和反应时，你的大脑会以极快的速度处理信息。在罗伯特·奥恩斯坦的经典著作《体验时间》[①] 中，他提到，有些研究发现，“你在一段时间内所思考的内容量，决定了这种主观感受持续的时长”。换句话说，如果你的大脑要处理的信息量增多了，那么如同处于生死攸关的情况下（或在演讲时）的状态，你可能会主观地感觉到时间的脚步变慢了。

另一个理论涉及心率和肾上腺素。奥恩斯坦提到了一项研究，该研究表明，“在一段时间内，心跳次数越多，你所感受到的时间就越慢”。你的静息心率大约是每分钟 60 次。在日常生活中，有规律的心跳节奏通常是“心脏每秒跳动一次”。然而，在肾上腺素的影响下，你的心率会急剧加速到每分钟 120 次甚至更多。你的大脑每分钟记录的心跳次数是原来的两倍，因此，在某段时间内，时长仿佛增加了一倍。

说起来有点矛盾，时间竟会随着心率的加快而放慢速度。心率加倍是否会让你产生时长增倍的错觉？没错，你在某些情况下会有这种感觉。我们对时间的感知妙不可言，并且会由于环境的不同而改变。

---

① *On the Experience of Time*.

你在演讲时，可以把对时间流逝的主观感受转化为自身优势，让它成为你的技巧，并训练自己借助和利用“时间弯曲”现象。与其因“时间弯曲”加快语速，不如利用这一现象给自己创造更多的思考时间。此刻，你的眼前不会掠过人生的一幕幕经历，但你的脑海中会浮现出所有的有用的观点和语言。

◎ 追求专注

运动员在参加比赛时，肌肉和精神都会处于“兴奋”状态：肌肉会极其活跃，大脑思维会高度集中。知道如何利用“时间弯曲”现象的运动员，将这种高度专注的状态称为“进入状态”。处于专注状态时，运动员会有更多的时间选择采用哪种合适的动作，以便在比赛中取得成功。网坛传奇人物罗杰·费德勒描述过，球从对手球拍飞出后，运动员会有足够的时间从容地回击这个似乎看起来较大、速度很慢的球。独行攀岩者彼得·克罗夫特也描述了在没有绳索的情况下攀登岩石时思维清晰和近乎超自然的专注状态。对于正经历“时间弯曲”的演讲者而言，沉默令人惶恐不安，时间似乎流逝得很慢，以至于短暂的沉默也显得如此漫长，令人难熬。在发言开始阶段第一次感到肾上腺素激增时，这种感觉最为强烈。

在这些“漫长的”沉默中，紧张的发言者常常急于用“呃”“嗯”这样的思维噪声来填补这段缄默无声的空白，并且语速会过快。但这种语速是无法长时间持续的，因为语速较快可能会填补沉默消耗的时间，但同样也会消除你的思考时长，导致你无法在脑海中建构清晰、简洁的句子或问题。即使你能快速而逻辑清晰地发言，听众也无法跟上你的节奏；即使他们可能听懂了你说的话，也无法理解你要表达的深层含义。对于听众而言，如果你的语速太快，他们听到的内容就会左耳进右耳出。如果你赶着说话，语言必然会缺少说服力。这种沉默是由肾上腺素引发的“时间弯曲”现象带来的“馈赠”，你要学会利用它！

正如其可以帮助运动员保持专注状态，肾上腺素造成的“时间弯曲”现象对你也是有益无害的。如果你能利用好“时间弯曲”，你感知到的沉默仍会持续较长的时间，这种感觉会帮助你用有效的方式发言。经过练习，“时间弯曲”现象似乎会创造一段漫长的时间让你思考发言内容。三秒的静默会让人感觉仿佛度过了十二秒。有如此充足的思考时间实在难得，你可以借此考虑接下来要说的话。沉默是有助于发言的工具，你要合理利用这种重要的演讲技巧。

你在开口之前要做到有意识地掌控沉默。在第一次起身时先不要说话，停顿几秒钟，默数：1001，1002，1003。这段时间看似漫长却并非如此。这样做的目的是让你全神贯注地感受房间里的寂静，并在发言时利用“沉默”这一技巧。你在发言中可以穿插一秒的停顿。说一个词组，停顿一次（沉默）；再说一个词组，停顿一次（沉默）。在每句句末，尤其是在每个话题的结尾处，你应稍作停顿并认真体会。你要利用静默的时间思考！你一旦懂得沉默对语言表达效果的作用以及该如何合理利用，就能逐渐得心应手、游刃有余。

利用“时间弯曲”和它的伙伴——沉默，你的思维会更敏捷、演讲会更精彩，并且听众能更容易理解你的发言、信服你说的话。由于沉默是思考过程中重要的一部分，听众需要一定的思考时间；因此，你若想告知、教导、说服别人，就需要留给他人思考、理解的时间。听众的确需要静默片刻来思考你说的内容，你考虑措辞的时间，差不多等同于听众理解发言内容所需要的时间。因此，给听众留有思考、消化和形成观点的时间是有必要的。

◎ 回声记忆

听众在聚精会神时会用到“回声记忆”法。正如“回声”一词的含义，如果听众沉浸于你的发言中，大脑中就会经历这一过程：

你发言时……“你发言时”……

听众的大脑中……“听众的大脑中”……

回响着你说过的话……“回响着你说过的话”……

我们在日常生活中经常会使用“回声记忆”法。例如，如果你听到一串电话号码，则可以大声读出以辅助记忆直到你将号码输入手机。这种重复或“回声”效果有助于大脑记忆。

学生在听教授讲课的同时做笔记，也是在运用“回声记忆”法。他们把教授说的重要观点重现在笔记本电脑或笔记上。然而，如果教授语速过快，学生们则无法有效地做笔记。无论是做笔记的学生，还是只需注意你说话内容的听众，他们都需要时间理解你的观点。你向听众提供的信息越复杂、重要，他们就需要花费越多的时间在脑海中理解和记忆。你给予听众时间思考，其实就是在利用“有沉默”为自己的演说添彩。大家所熟知的“沉默是金”摘自流行于 19 世纪的一句话——“言语是银，但沉默是金”，这句话强调了沉默在交流中的关键作用。记住，言语很重要，沉默更是如此！

临场应变

一旦你意识到临场应变需要时间（和沉默），那么接下来就要知道如何才能做到临场应变：我应该读笔记吗？记住了多少内容？我能写出想说的话吗？全程读笔记或者背笔记合适吗？

◎ 切勿读稿

不要读笔记，因为这是极其不妥的行为。你可能会想要这样做，并认为读笔记会有助于你更好地表达观点。但实际上，这样做会产生的唯一的效果是，让听众感到无聊乏味！你很可能从未经过广播员和演员所接受的训练，因此无法流畅地朗读。朗读本身就是一门艺术，甚至连许多演员都无法很好地掌握这一能力。（在奥斯卡颁奖典礼上，一些著名演员甚至在读电子提示器上的几行文字时都会显得很费力）

我们在朗读时都会犯一些共性错误。比如，语速太快；阅读时用笔记遮住鼻子，且表情不自然、缺乏变化。如果你向听众读稿，则会因为鲜有机会直视他们而降低自身的可信度，你的声音和举止也会让听众觉得你是在朗读而并非演讲！因为听众不会被你读笔记的行为愚弄。如果你想和听众进行有效的沟通和互动，就不能向他们读稿，而是要面对他们说话。

◎ 不要背稿

背诵，即通过记忆来重述或朗读文本，是一种高度专业性的技巧。即使经过多年的训练和练习，舞台剧中的专业演员也需要数周的排练才能准确而自信地记住和背诵台词。作为一名忙碌的律师，你无法花费几周时间来记住发言内容。并且你会容易记错内容，而一次失误的出现就会削弱你的信心。如果你因此一时想不出接下来要说的内容，则会陷入一筹莫展的境地。另外，背诵记忆的内容也会让听众觉得奇怪，你在背诵时会显得眼神呆滞，因为你的心思在别处：你正努力回忆所写的内容。因此，不要试图记忆和背诵你发言的内容，因为这样做容易在临场发言时出错。

既然读稿和背稿都不合适，那么你只剩下一个选择：说话。

◎ 结构清晰的即兴演讲

用“结构清晰的即兴发挥”来总结演讲中的思维方式，再恰当不过了。提前安排好发言中所谈论话题的顺序，然后按照该顺序即兴发挥，你就能像在日常对话中那般轻松演讲。实际上，你的大脑非常擅长这种思维模式和说话方式。

假设你和一位同事说，“我们需要讨论昨天的会议和明天要召开的研讨会”，那么你说话的结构则是：

· 会议

· 研讨会

使用这种由两部分信息组成的结构，你只需要连贯地即兴说出具体的内容。你的发言内容越长，所包含的信息就越多。而你在之前经验中所获得的技巧会帮你顺利地完成任务。

想一件你在生活中遇到并多次说过的事情——一次可笑的、令人恐怖或离奇的个人经历。如果你要向听众讲述这段经历，一定不会犹豫或纠结，因为你曾经历了这个故事并且之前已经讲过或练习过多次了。现在设想你要立即向另一个听众再次讲述同一件轶事，有一点要求你永远无法达到，即必须一字不差地复述出第一次讲的内容。

你无法完成这一要求，也没人能够完成。但这并不表明你是因为突然记不起发生过的事情，这只能意味着即使是几分钟之前才说过的话，你也无法全部记住并一字不差地复述出来。如果你无法逐字逐句复述熟悉的经历，那你就更无法逐字复述近期写的演讲稿。大脑的构造决定了你并不擅长做这类事。

讲述自己经历的故事需要结构清晰的即兴发挥。你可以将事件发生的顺序作为结构，围绕这一结构即兴发挥，用不同的词汇、短语和句子复述趣闻轶事。

在发言时运用结构清晰的即兴发挥，就像是在表演一种口头形式的爵士乐。你可以从容地处于这种认知状态中，平衡好精心设计的演讲结构和自由的即兴发挥这两种对立的关系。因为你实际上是在训练大脑建构和记忆你的想法，而并非精准地记住你在现场要说的内容。

◎ 切勿边读边说

你的大脑并不擅长边读边说。在日常生活中，要么说要么读，两者不要同时进行。笔记中用来读的内容，切勿语句冗长乏味，冗长乏味的笔记就是一个陷阱。你写得越多，这些笔记用处就越小，而且你面对听众发言时，根本没有足够的时间读完所有内容。如果你拿着冗长而详尽的手稿起身发言，你会禁不住想要读稿。由于你无法在阅读的同时自然地讲话，因此只能选择其一。你的大脑会选择读稿，因为这是更稳妥的选择。但是，读稿就难免会索然无味。

对口语表达和书面表达的处理是由大脑中不同的区域掌控的。能够"窥探"大脑思考过程的功能性核磁共振成像表明，掌控阅读和说话的大脑区域是不同的。试图在说话的同时读笔记，类似于在电脑中运行两种不兼容的软件程序，大脑中的认知性"硬盘"会崩溃。因此，你要挑选合适的认知性"软件"：面对听众说话。大声读稿的效果甚微，只有说话才能发挥作用，正如你在和别人对话时所做的那样。

劝诫你不要读笔记，并不意味着你不能用笔记辅助自己构思即兴发言的内容。听众知道发言者需要偶尔看提纲。看笔记是可行的，但绝不能对着笔记说话，这两者有着极大的区别，并且关乎时机的选择。有效制作笔记的要点就是，把笔记当作自己的视觉辅助工具。

◎ 笔记：视觉辅助工具

笔记必不可少。如果发言内容细致复杂，那么将笔记置于讲台或会议桌能有助于你完成发言。当你的大脑一片空白时，笔记就是能让你内心踏实的安全保障。

真正有用的笔记可以作为发言过程中的视觉辅助工具。在目的和设计方面，这种笔记完全不同于你总结观点时最初草草写下的“思考笔记”，它们也不同于你倾听别人说话时在便笺簿上记下的“听讲笔记”。此外，这类“思考笔记”和“听讲笔记”上的字体不够大、字迹不够清晰，因此不能当作有效的视觉辅助工具。

好的视觉辅助工具可以展示清晰的结构，让演讲者可以基于此结构即兴发挥。以下这些规则可以帮你制作有助于发言的文稿：

字体要大。如果你打印笔记，要将字号扩大至两倍或三倍，即从 10 磅或 12 磅扩大到 24 磅或 26 磅。要制作清晰易读的笔记，这样你瞥一眼就能轻易找到内容，使用笔记的发言过程也会变得轻松简单。

手写笔记时，要使用笔头较粗的笔。即使距离较远，字体较大、线条较粗的字迹也能清晰可见。如果把字过小的笔记放在三四英尺外的会议桌上，则无法辨认。仔细想想你的眼睛和此刻阅读的书页之间的距离，放置笔记的讲台与你之间的距离，是你的眼睛和书页之间距离的两倍，那么笔记上的字体难道不应该被放大至两倍吗？如果笔记被置于三倍距离之外的桌子上，难道字体不应该被放大至通常字体的三倍吗？

字迹应清晰易辨。书写笔记时应认真严谨，字迹应清晰易辨，在这一过程中投入的时间和精力是值得的。用红笔书写关键词、日期或金额，以强调其重要性；用黄色荧光笔标出重要词汇。如果你书写的笔记的字体较大、字迹清晰，就能避免在一页纸上书写的字数过多。此种做法是合理的，恰好符合下一条规则。

内容应简洁明了。少即是多。字数越少可能越有效。要将宏大的观点浓缩为“牵一发而动全身”的词语。记住，你在纸上写的字越多，笔记的效果就越差，而且你应避免笔记上的语句枯燥乏味。写下你发言观点的结构并据此即兴发挥，切勿浪费时间写出这样的句子：“各位早上好，我很高兴能为大家作此次演说，我的名字是……”

笔记应触手可及。把笔记放在容易看清字迹的位置。如果你被要求站在讲台后方发言，则需要后退大约 12 英寸——这样仅仅向下扫一眼，你就能看到笔记。如果你站在讲台侧面，则需要调整位置以便不用走动就能看清笔记。注意，要抑制走到讲台侧面后又前进一两步的冲动，因为在这种情况下，如果你不能在同一个水平线上往回走两步，就无法看到笔记内容。要在能够看清笔记内容的位置上保持站立不动，尤其是在需要经常使用笔记的情况下。

横向书写。一旦意识到书写方式与思维、说话及做手势的方式完全不同，你就能制作出更利于发言的笔记。简言之，书写是纵向的，但是思维和做手势是横向的。明白这个道理，你就能制作出与大脑记忆和双手做手势的方式相匹配的笔记。最重要的是，这甚至有利于听众理解和记住你的发言内容——毕竟这是你的目的。

你读、写时，想法和文字会逐行地、自上而下地展现在打印纸或电脑屏幕上。人们在书写时所使用的诸如“如上所述”和“如下所论”之类的表达就体现了这种由上至下的方式。读和写时的思考方式就是自上而下的纵向过程。

说话时的思考方式则完全不同。你的想法和手势动作是来回地横向展开和完成的。这就是你在压力之下演讲时，使用传统的纵向笔记不会有丝毫帮助的原因。

下面将列举另一个关于横向思维的例子。在脑海中想象，你边发言边做手势表示过去、现在和未来的不同时间点。你如何运用手势有逻辑地表示时间轴？

昨天我在工作；今天我待在家里；明天我要去度假。

你会在水平面上横向做手势表示过去、现在和未来的不同时间点。那么注意观察，边说这句话边自上而下纵向做手势是否会让人觉得奇怪。

昨天我在工作；

今天我待在家里；

明天我要去度假。

回顾第一章，演说者做手势时所在的水平面被称为“架子”。人们在无意识的状态下做手势时，仿佛是在用双手将词汇、观点和概念放置在面前隐形的“架子”上。这个“架子”大概齐腰高，发言者无论是坐着还是站着都似乎会使用它。

你的大脑是横向思考的，你的双手也是在“架子”上和水平方向做手势的，那么你的笔记也应符合这种横向模式。你应在每页纸上横向书写笔记，最好用较长的便笺簿，14 英寸长的纸足以陈列大量信息。如果你使用电脑做笔记，则要在横向打印格式的模式下制作和打印笔记。

留意横向书写笔记的第二个好处，即这样能促使你的笔记具备有效的“视觉辅助工具”应有的特点：字体较大、内容简洁明了和更易读。由于你要在每栏狭窄的空间内展现观点，因此你只能列出要点和关键词。这会帮你避免整句地书写笔记，既然你也没有时间在发言时读出，那么书写完整的句子对演讲并无帮助。

设想你的发言内容会包含强调问题、提出解决方法、给出建议这三个部分。你首先会强调问题，接着提出解决方法，最后给出建议。你的思路会随着横向笔记进行，你的双手沿着“架子”，用空手道中“竖劈”的动作轻柔地做手势，而听众的想法是：“我能明白你说的话。”

你思考、做手势和做笔记的方式都应遵循一致的横向模式。如此一来，你在思路突然中断时就能明确知道要看哪些内容。

如果非要给横向书写笔记挑一个毛病，那就要提及一个与听众视角有关的问题。当你根据笔记内容从左至右依次做手势时，却似乎在向观众倒叙观点。大家都能想到的应对方法是：颠倒笔记中要点出现的先后次序，从右至左依次做手势。这样，听众所看到的手势就会是从左至右依次出现的。

多加练习，这种方法就会成为你的第二天性。这样做是出于对听众视角的考虑，你只需记住一点：每组手势都应从你的身体右侧依次向左侧展开。

练习使用笔记。正确使用发言稿的技巧必须通过练习才能掌握。你在发言的同时要保持眼神接触，还要偶尔扫视笔记，做到这些并非易事，需要经过努力练习。

适时看笔记。如果你需要仔细看笔记来确定要说的话，你只需要说："我们继续下面的内容。"使用这种通用的过渡句表明你要查看笔记中下一个话题的内容。你在看笔记时不要心急，听众知道你在看笔记，对此他们并不会介意。他们正在思考你刚说过的内容，也并不会介意你中断发言。你看笔记时恰好能让他们稍作休息，类似于电视或广播中的广告（"休息一下，马上回来"）。一旦你看完笔记，就要抬头面对听众并直视他们发言。如果你能这样做，听众就会在你查看笔记时保持耐心。

如果需要看笔记，你要认真看清所写内容后再读。你可以快速回看刚刚说过的话题，如果发现有遗漏的内容，则应及时补充说明，"我们先快速回顾上一个话题，因为我刚才忘了说某些重要内容"，这样，你就能把忘词这一失误转化为及时补充所遗漏重点的机会。由于听众会将注意力放在你要补充的重点内容上，所以并不会关注你的失误。演讲者如此依赖笔记的原因之一是，他们在忘记某些重要内容时会不知所措。其实你不必担心忘词。在查看笔记时，你应花些时间确定已经提及上一个话题中的全部重点，再接着说下一个话题。

◎ 应对忘词

许多演讲者会一直盯着发言稿，因为他们正深陷"如果忘词该怎么办"之类的担忧中。这种担忧其实是没有必要的！你要考虑的应是"如果我忘词了，要如何应对呢"。你在顶着压力演讲时会遇到偶尔忘词的情形，但实际上，你在和朋友交谈时思路也容易被打断。你可以稍作停顿后承认："我的思路断了，我刚才说了什么?"如果这种现象会在日常交谈中发生，那么也必定会在更加正式的公开发言时发生。显而易见的解决方法是，做好应对忘词情形发生的准备。你要明白自己是可能会忘词的，并且要提前做好应对准备。

我们已经提到过，类似"我们继续下面的内容"的过渡句能够表明你正在看笔记、专心整理思路。由于你会继续往下说，那么查看笔记上所列的下一个话题则是合情合理的。或者，你可以使用该过渡句以获得思考的时间。听众会理解你当下的行为，因为你已经表明自己会继续说，他们也能看出你在思考问题。在这一刻，你尤其需要保持沉默、从容应对。相信听众能感受到你的思考过程。不要慌张，认真思考下一个话题即可。

如果你在即将转换话题时却忘了接下来要说的内容，那就直接大声说出心中的疑问："下一个话题是什么呢?"在说出这一问题的同时，你可以查看笔记并找到答案。我们常在讲故事时用这种方法，尤其是在给孩子们讲故事时：

接着，门上的金锁被叩响。孩子们，接下来会发生什么呢?

门被缓缓地推开了。

你在发言中讲趣闻或举例时，也可以采用同样的表达技巧：

接着，他们在10月28日签订合同。那么接下来发生了什么呢？在11月3日，财产的所有权人……

但是，当你记不起确切信息（如日期或金额）时该怎么办呢？应对这种情形的方法之一是，你可以说：

合同签订的日期是（但你突然记不住确切的时间，因此你说）……

我需要确认日期（开始查询笔记）……

签订日期是9月17日。

说“需要确认日期”时，你应有目的性地查阅笔记，以确认回答是正确无误的。听众会认为这种做法恰好体现出了你的严谨态度，这样做甚至能提高你的可信度。

弥补忘词的最后一种方法是，你可以采用在日常谈话中应对忘词情形的做法，即直接说：“抱歉，我的思路断了。”如果你自身没有因忘词而感到困扰，那么你的听众也不会对此耿耿于怀。毕竟忘词是难免的，听众也经常会在日常对话中忘词。

如果你在发言过程中忘词，在尝试使用所有应对技巧之前，你应静默片刻直到确定是真的无法记起要说的内容。你并非总能脱口而出下一个观点，但它一定藏在脑海中某个地方，你只需花些时间回忆。你要意识到这种情况下最易产生“时间弯曲”现象。你不必慌张，只需要慢慢地努力回想观点。深呼吸，安静思考一会儿。如果你仍然毫无头绪，则选择应对这一问题并使用上述技巧。如果你能未雨绸缪，事先练习应对忘词时要说的话，你就能当场从容应对。现在就开始练习吧，请大声说：

我们继续下面的内容。

下面说些什么呢？

接下来发生了什么？

我需要确认答案。

抱歉，我的思路断了。

写稿：初步步骤

有些出庭律师认为，必须在发言稿定稿前写下发言内容。如果你认为写出陈述内容是准备发言的必要步骤之一，那就写下来。但你要认识到，写稿仅是准备过程中的过渡步骤。你的写作风格与发言风格不尽相同，因为你在法学院所接受的训练是律师文书写作，而不是对话式写作。没有人会用法律文书式语言说话。即使你具有过目不忘的完美记忆力，并且能起身自信而准确地复述出所写的每个字，但你的语句仍会听起来非常别扭。你在大声复述时如果只是生硬地堆砌法言法语，效果是微乎其微的，因为听起来会过于书面化和矫揉造作。但是，如果写下发言内容会有助于你整理思绪、组织语言，那就写出来吧。但你接下来需要制作一个易读的视觉辅助工具，也就是横向书写笔记。一旦你在纸上写下发言内容的框架结构，就应试着练习围绕该框架即兴发言。

◎ 避免回想

你不应该为了逐字复述而背诵发言稿，这一点相当重要。

如果你试图复述背诵内容，就会发现自己是在“回想”内容。你的大脑无法在回想背诵内容的同时思考接下来要说的话，因为你的思维过程最终会因受到干扰而中断。你的发言稿只是发言的一个文稿——并且可能并非最好的文稿。当你第一次练习发言时，你的表达会围绕文稿中的框架结构，但会使用与文稿中不同的词汇。当你再次练习时，你仍会围绕相同结构但使用其他词汇进行表达。因此，你在发言时应持续思考接下来要说的话而并非回想发言稿的内容。在每次练习时，你都会构思和组织不同的语言描述观点。但即使会变动某些措辞，你仍会采用同一框架结构。经过练习，你的语言会更自然、流畅，声音会更清晰，表现会更出色。为了更好地理解“持续思考接下来的说话内容”会如何保持思维的连贯性，你可以参考认知心理学领域中的一个概念。

◎ 语块记忆法

人脑倾向于以语块为单位接收信息。在必须回想大量信息时，大脑往往会把许多信息碎片整合成语块，以便简化记忆。10 位数的电话号码就是一个很好的例子。由于人们难以记住 10 个数字，电话号码就被“语块化”为三部分：(555) 123 - 4567。括号和连字符将 10 个数字归为 3 组语块以便于记忆。相应地，大脑也倾向于把内容较多而复杂的概念拆分成较小的、便于处理的语块，例如：

1. 问题
2. 解决方法
3. 建议

你的笔记内容包含你会说的重要话题（或语块）。有助于听众理解发言内容的结构的方法之一是，你要清晰地表述每个话题或语块的开头和结尾。首要性和近因性是其中的关键因素，即你在开始和结束某个话题时，听众的大脑会更加专注。人们往往会记住你最开始说的内容（首位效应）和最后提及的关于某个主题的信息（近因效应）。

语块可以指范围较大的话题和概念在宏观层面的结构，也可以指有助于理解句子在微观层面结构的概念。下一章对于“声音”技巧的论述，就是以这种结构为基础展开的。

首位效应和近因效应

甲乙两种方式中哪一种更适合用作演讲开场白？

甲：大家早上好，我是杰瑞·科尔特斯，非常开心能在今天作此次发言。由于昨夜的大雨，所有道路被封锁，因此在经过漫长的交通堵塞后我能顺利到达这里，实属不易。一旦我开始播放 PPT——屏幕为什么卡住了——呃，过一会儿应该就能恢复，由于我要在 90 分钟内播放 108 张幻灯，因此我可能会语速稍快。现在开始播放 PPT。我今天发言的主题是“电子书”。

乙：自古登堡印刷机之后，电子书为什么会成为出版业中最热的话题？

听众往往会密切关注发言的开场和结束。随着听众的注意力和记忆力下降，他们会在发言中途走神。当听众听到发言即将结束的提示（“总之……”）时，他们会再次提高注意力。首位效应和近因效应分别发生在听众听到第一句话和最后一句话时。若能利用首位效应和近因效应来建构、记忆发言内容，你和听众皆能从中受益。

听众通常会在演讲开场时很专注，原因之一是他们想及时判断该演讲是否值得认真听。你有一个能引起听众兴趣的稍纵即逝的机会，如果你在开场时就抓住这一时机，则能轻易保持听众对你的关注，那么你的发言必须从开头就能在风格和内容上引人入胜。如果你听起来好像并不在乎自己说的话或者在演讲开头就错误百出，那么就不要期待听众会停止查看电子邮件或在社交网络上发布照片而听你演讲了。

如果你能在演讲开场引起听众的关注，那么就能轻而易举地在整场演讲中始终吸引他们的注意力。正如“吸引”和“保持”两个词语本身的含义，要“吸引”和“保持”听众的关注需要耗费精力，包括语言上和身体上的精力。作为一名演讲者，你必须能立即进入状态，而不能在开场几分钟后才渐入佳境或逐渐变得精力充沛、情绪高昂和诙谐风趣。否则，在你进入状态且能游刃有余地运用发言技巧时，听众早已经走神了。

你应该选取乙种方式，开门见山地说明发言主题，抛出观点吸引听众。接着，在第二句或第三句作自我介绍。切勿像甲种表述方法那样漫无边际地闲聊。随意地漫谈无法完成精彩的演讲。我们收集了一些开场糟糕的演讲实例。令人啼笑皆非的是，我们仅在其中一场公开演讲中听到“痔疮”这个词，而且出现在一场即兴发言的开场，听众是100位要进行为期两周项目的律师，他们听后哑口无言、目瞪口呆，全场陷入沉默。

同样，选用笑话作开场白时要谨慎。一次，我们和一群功绩斐然的女飞行员围坐在一桌，有人说了个笑话，最后一句——“恐怕这是自伊丽莎白·泰勒烧掉胸罩以来最令人失望的消息了”，让这些女飞行员感到无语，无人听后发笑。

即便你在开场就能立即引起听众的关注，你也要明白听众是无法聚精会神地听完全场演讲的。明白这个道理后，你作为演讲者就得不断地吸引那些走神的、心不在焉的听众的注意力，让他们再次关注你的发言。

既然发言开场和结束时的效果很好，那就多增添开头和结尾形式的句子。不要认为整场发言只能有一个开头和结尾，而要清楚地明确和区分各个话题。发言中的每个话题都应以标题形式开始（开头/首位），以明确的语言结束（结尾/近因）。若以这种方式呈现主要观点，你的发言就能包含多个开头和结尾。这样，在每个话题的开头和结尾处，你就能再次引起心不在焉的听众的关注，以下例子说明如何在一场演讲中展现多个观点。

标题：既然你现在已经列出了所有要保护的社交媒体网站，那么下一步就是收集全部的密码并存入数据库。建议您使用“Collect‘Em Here’”软件。

（在这部分内容中，你将介绍安装、使用该软件和安全发送密码的方法，最后总结该话题以创造近因效应）

总结：列出所有网站后，你应再次确认有无遗漏，接着要再三确认密码无误。下一步该做什么？

或者：

标题：今天要说的第二个话题是，如何确保正确申请版权，要特别强调“正确”一词。

（你应在此处说明“正确”方法和具体步骤，描述易犯错误并进行总结）

总结：再怎么强调也不为过的一点是，在申请电子书版权时，你必须确保每处细节准确无误。

或者：

标题：下一步该做什么？你发现了三份不同的契据，每一份都在县里存过档，并且其中有些是互相矛盾的。现在，你争取产权归属权的程序就要启动了。

（描述步骤，预计要花费的时间、金钱和其他所有的重要因素）

总结：一旦法官同意你提出的产权归属问题，你的当事人会欢呼雀跃，而你就能继续完成接下来的任务了。

利用首位效应和近因效应，可以帮你记住发言内容的框架结构。你在向听众大声陈述所讨论的话题时，会发现这样做更易于自己专注思考以及引起听众对这一话题的关注。大声练习每个话题开头和结尾的标题，有助于你记忆发言内容。一旦你能串起所有话题，你的脑海中就能建立起一个清晰的框架结构。

态度：策略性选择

没有无聊的话题，只有无聊的演讲者。如果你充满激情、由浅入深地展开演讲，听众也会沉浸其中。然而，如果你没有精心选择观点，听众很可能会在演讲开场就失去兴趣。正如马歇尔·麦克卢汉所说，“媒介即讯息”。你作为传播信息的媒介，必须要通过语气、举止和态度来传达自身的兴致和热情。如果你对自己提出的话题都毫无兴趣，那么也绝对无法吸引听众。

例如，如果你想呼吁大家为一个非营利组织募捐，态度就应符合筹款请求应有的具有感染力的态度，如友善、乐观、真诚。如果你内心紧张，则必须传达出一种态度来掩饰自己的情绪，此时，你应选择热情、好奇或求知若渴的态度。大脑中控制感性的部分会自动帮你选择态度，因此，你必须提前主动确定。另外，你的面部表情和肢体语言会体现出你的态度。以下这些积极乐观的态度可供选择：

怜悯的

充满好奇的

坚决的

友好和善的

愉快的

满怀希望的

乐观的

礼貌的

惊讶的

同情的

信任的

善解人意的

你在说负面内容时，可能会选择以下态度：

愧疚的

庄重的

深感懊悔的

有所保留的

谦卑的

中立的

悲观的

遗憾的

无奈的

怀疑的

惋惜的

让自己看起来从容自信的最佳方法是，表现自然。因此，你需要选择并向听众传达一种态度，体现你的自信和饱满的精神状态，而并非紧张或焦虑的情绪。你选择的态度和演讲的编排、策略和技巧息息相关。

◎ 镜像神经元

关于人脑中某种神经元的最新发现表明，你在公开发言时能即刻控制身体的行为，在神经学上有着重大的意义。这项发现始于一个有关猴子和花生的真实故事。

故事发生在意大利帕尔马（Parma）的神经科学实验室。有只猴子被用于研究控制运动的大脑区域，它的运动皮层在它拾起花生时会有异常反应，并且这个动作会引发实验室的电脑产生一种特有的刺刺声。

但是当猴子一动不动地坐在笼子里休息时，它的大脑依然会表现异常。一位研究人员走进实验室，注意到笼子旁的花生并靠近准备拿起一颗。此时，猴子的大脑开始出现反应——引发电脑发出特有的刺刺声。猴子丝毫未动，但是其运动皮层的神经元因映射了它所看到的研究人员的动作而被激活，所以产生的信号和猴子自己做这一动作时产生的信号相一致。

研究人员震惊了！这次意外的发现揭示了如今所谓的“镜

像神经元”的秘密。猴脑和人脑中都存在这种神经元。我们可以用这句话总结镜像神经元的功能：所见即所是，所视即所为。

大脑映射我们所看到的动作，就好像我们自己在做同样的动作。镜像神经元的存在解释了人类能理解他人的原因之一。从神经学角度来看，我们不只是在看他们，也在成为他们。这些神经元有助于解释为什么观看的比赛是如此扣人心弦，以及为什么粉丝会如此情绪高昂。运动员不可能接住的球或无法完成的跳跃会显得如此引人入胜，是因为粉丝不仅是在旁观动作，他们也会由于大脑对这场精彩比赛的映射而体验到相同的举动。所视即所为。

这也解释了人们看悲伤的电影会哭泣的原因。演技精湛的演员能让我们从他们的面部和身上感受到“真实”的情绪，从而激活我们的镜像神经元，接着，我们的镜像神经元会与大脑边缘系统（控制情绪的系统）互动。我们观看电影或戏剧中演技精湛的场景时，演员们的行为和我们的感受会产生共鸣，我们就如同在经历所看到的场景。

类似地，你可以利用镜像神经元系统让观众感受到你的自信和从容。你面向听众发言时，大脑就会被某种控制自身行为的方式激活。如果能同时对你和听众的大脑做功能性核磁共振，你会发现听众的大脑中会映射你大脑的工作模式，即看着你就能成为你，注视你的行为就如同自己在经历一样。

如果你表现得非常紧张——双脚乱动，手势动作幅度较小、较快且不流畅，眼神飘忽不定，你的紧张表现会激活大脑神经元，同样也会激活听众的镜像神经元，让他们坐立不安。

如果你表现得自信从容，听众也会随之放松。你要迅速掌控自己和听众对你的印象所带来的影响。你要做到站立不动、注意呼吸方式、舒展地做手势和保持与听众眼神接触。这些动作有助于你沉着镇定，显示出你的自信从容。听众也会把自身的感受表现出来反馈给你。当你真正和听众建立联系，你就能真正体会到公众演讲的过程是一场让你情绪高昂、精神振奋的挑战，并沉浸其中。

幻 灯 片

PPT 的制作是验证“少即是多”的最佳典例。幻灯片张数无须太多，每张幻灯片上的字也要尽量少。PPT 上的字太多并不利于你的发言和听众的理解，以下是这种现象的典例：前两张幻灯片字数较少，第三张幻灯片将要点构成完整的句子。最终，这些句子形成完整的段落，最后几张幻灯片上会塞满密密麻麻的文字。

在开始演讲、自我介绍、说明发言主题、与听众建立联系之前，切勿开始展示幻灯片。（因为看幻灯片会分散听众的注意力，削弱他们与你之间的联系——他们会纠结于是看屏幕还是听你说话）你应面对听众发言，而并非盯着身前的笔记本电脑，更不能面朝身后的屏幕说话。因此，你需要练习如何在使用幻灯片时保持声音洪亮、身姿挺拔。另外，在电脑上显示清楚的幻灯片投影在屏幕后，不一定仍能清晰展现。

如果你想让演讲更富有互动性，可以试试这个简单的技巧：在幻灯片中展示你的问题，然后大声回答。在一场讲座中，我们就利用幻灯片提出了一个问题，接着给出了答案。有时我们会采用相反的方式——我们大声提问，然后利用幻灯片展示答案。

你可能会利用幻灯片发问，“我们能期待发生什么改变呢”，然后大声说出答案。这种方法有助于你精心设计一连串问题——“何时能有改变?”“因此受到影响的人”，等等，但你切勿逐字逐句读答案。你也可以选择相反的方式，即大声提问——“以后会遇到什么挑战”，接着在幻灯片上给出答案的三个要点。

使用铺满文字的幻灯片演讲，如同在编写部分脚本。你不得不按照顺序、使用重复的词汇，说出幻灯片上的每个要点或转述文本内容。因此，你需要边读边说，然而，大脑是难以做到的。无数的演讲者在说话时往往会盯着笔记本电脑或屏幕，而忽略台下的听众，原因正是他们在读幻灯片上的文字时无法看向听众。因此，你在使用幻灯片时请考虑这个问题：你想让听众无聊透顶地看着你读幻灯片，还是选择和听众交流、用幻灯片辅助你的演讲?

使用 PPT 时会遇到另一个问题，即你无法用它展示故事的来龙去脉。然而，故事和轶事是具体的例子，可以用来吸引观众、加深他们对发言内容的印象。听众通过记忆故事，会记住你提出的概念或观点。所以，你在演讲中应不时地说，“我举个例子”。然后按下按钮关上屏幕（最好这样做），接着讲述一个故事或轶事来阐释观点，讲完故事后再播放下一张幻灯片。多样化是生活的调剂品，也能让交流过程丰富有趣，不要认为你必须得照读 PPT 上的所有内容。

最后，图表、饼图、时间轴或照片等具有视觉辅助功能的图像，必须借助 PPT 向听众展示。但是，你不能自欺欺人地认为演说大纲也具有视觉辅助效果。大纲除了能用来划分结构以外，别无他用。使用视觉辅助工具是为了帮助听众更好地理解你的演讲内容，而并非提示你说什么。如果你被要求向听众提供 PPT 文件副本，则可以考虑用标准的书面格式写一份清晰的演讲总结作为替代品，发送给听众。

本章小结

顶着压力思考和发言时，你必须了解并能真正利用“时间弯曲”现象，这种现象是指肾上腺素的分泌会让人感觉时间似乎放慢了脚步。你在经历这种现象时，要有所意识并保持语速平稳，要接受你对时间感知的变化并善于利用“沉默”这种技巧。为了进入专注状态，你要在发言前仔细感受沉默并将之穿插进发言过程中，在词组间和句子间要停顿片刻，以便让听众有时间细想你说的话。听众需要思考时间，所以你要学会利用沉默，给听众留时间用“回声记忆法”思考、消化。

切勿读稿或背稿，而应从容自信地进行结构清晰的即兴发言。制作利于建构发言内容框架的笔记，使之成为你的视觉辅助工具。笔记上的字体要大、字迹应清晰易辨，内容要简单明了。你应横向书写笔记，并练习如何正确使用。你还要做好应对发生忘词情形的准备，以防万一。

如果你认为写出发言内容是必要的准备步骤，那就写下来吧！你需要把发言内容的框架结构简化为大纲或核心要点。发言时切勿试图回想你书写的内容，而是思考接下来要说的话。

学会在发言内容中创造更多的首位效应和近因效应，要清楚表述每个话题的开头和结尾。发言时要善于将句子划分成短语或语块说出，并记住沉默是听得见的“标点符号”。发言中播放的 PPT 应内容精简，具有互动性。

自我对话

“选择合适的态度。”

“在发言前倾听沉默，在发言时善于利用沉默进行思考。”

“留给听众时间回想，以便他们理解内容。”

“站在讲台后面以便于查看笔记。”

“肾上腺素会放缓时间的脚步，给我留有思考时间。”

“做好应对忘词情形发生的准备，及时采取补救措施。”

“思考接下来要说的话，切勿回想发言稿的内容。”

第三章

声　　音

在日常交谈中，应如何正确利用自己的声音以增强表达效果？在与不同的人谈论不同的话题时，又该如何调整语速、音量、音高、语调和语音强弱？

若想在公开发言中表现得更出色，你需要在日常对话中多加注意自己的声音。你可能对此并不在意，但你在交谈中确实会不断地调整表达方式。我们在之前的章节中探讨过在发言过程中，“说话时应如何运用双手”，那么关于声音，我们也要面对相似的问题：“在与朋友和同事交谈时，应该如何让自己的声音显得更自然、更有表现力？”在说话时，我们自然会在意要“说什么”，而现在我们需要更加关注“如何说”。

聆听自己的声音

作为一位能言善辩的律师，你的目标是完善自己自然发声的方式。为此，你需要学习发声技巧，让声音更加洪亮，为富有表现力的发言长时间续航。如果你是一位柔声细语型的演讲者，就需要在升高音量的同时，找到从容自信的演讲方式；如果你的性格比较内向腼腆，则需要适应这种作为全场焦点的场合；如果你平时语速较快，那就学会放缓语速、调整节奏。最重要的一点是，你在每次发言时都要做到有理有据、语言流畅、表达清晰。

另外，你还可以将自己的声音录下来，在回放的过程中进行客观的评价。起初，你很可能会觉得自己录下来的声音听起来很奇怪，但这些地方正是你需要改进之处。若是自己都觉得无趣，又怎么吸引听众呢？

想要更好地改善自己的发声方式，首先需要对自己现在的声音状况进行客观的评估。只有准确地把握自己的声音状态，才能够清楚为什么自己的声音在录音中听起来很滑稽。其中的原因涉及听到自己声音的两种不同途径。

你的声带振动时，产生的振动会通过空气传播（至听众或自身的耳膜）和在体内传播。你可以轻轻地将双手食指分别放在双耳上，并且大声读出一些句子来观察这种现象。手指会阻挡一般通过空气到耳膜的振动，因此你所听到的是通过颈部的骨骼和肌肉以及颅骨传递到你内耳的另一种振动（低音振动）。现在将手指从耳朵上移开，将一只手掌放在颈部正下方的上胸部位并大声朗读这句话，你会注意到自己说话的同时上半身在振动，尤其是在上胸部位的这种感觉特别强烈，其原因在于不仅是耳朵附近的空气在振动，身体本身也在振动。

我们的声音被录下后之所以往往会听起来带有浓重的鼻音，是因为没有这些由肌肉和骨骼产生的低音振动。但是，这样的声音并没有什么问题，你只需要更加自信坚定、富有激情发言。摒弃无谓的自我批评，面对真正的挑战吧，让你的声音更加富有表现力！

肺与横膈膜

在第一章中我们谈论了有意识呼吸的技巧和重要性。有意识呼吸不仅能够帮助你沉下心来，还可以让更多的氧气进入大脑，从而更好地控制声音，让声音更加饱满、有力。人们在呼吸时会调动的肌肉包括横膈膜和肋间肌，这些肌肉在说话前都需要“热身”。

接下来请你朗读一段文字，并观察自己的呼吸情况：

你的自主神经系统在控制你的呼吸。而此时在你的下半身已出现细微的活动。现在请有意识地进行呼吸，深深吸入一口气，并仔细体会肺部的充分扩张。再来一次，尽量使呼吸更深、更长。呼吸过程中要更有意识地调动肌肉，并让每一口气都尽量沉入腹部。

◎ 肋间肌与胸腔

能够有意识地控制呼吸是灵活运用自己声音的基础。除膈膜外，肋骨之间的肋间肌也有助于肺部扩张。请你将双手放在胸腔底部、腰部和腋窝之间的身体两侧。深呼吸，并在肺部扩张时感受肋间肌向外运动。用意识控制自己进行深呼吸以便创造出一个三维扩张空间：腹部向前隆起，肋骨向侧面扩张，背部向后展开。

辨别两种不同类型的深呼吸是至关重要的。第一种类型属于第一章中描述的缓慢放松的呼吸方式。你会在起身发言前采用这种有意识的呼吸方法：你坐着，慢慢地开始给呼吸时需要调动的肌肉“热身”，有意识地深呼吸、舒缓情绪，以应对接下来令肾上腺素飙升的唇枪舌战；在暂停发言低头看笔记的瞬间，在有目的性地默默走动的过程中，抑或在静默思考的片刻，你都可以做深呼吸。然而，由于做深呼吸需要一定的时间，你在实际的发言过程中根本无法采取这种呼吸方式。尽管深呼吸会消耗较多的体力，但在呼吸过程中会为肺部补充空气，帮助你发出声音。

◎ 运用呼吸发声

请回想第一章中提到的呼吸与说话的方法：深吸气—呼气—说话。不要误会，这并非让你猛吸一口气，随意呼出后就开口说话。这样肯定行不通，因为如果采取这种方式，你说话时肺部中没有气体。你应当先吸气，让肺部充满空气，接着在说话时呼气，让声音更加铿锵有力。

麦克风的问世让公众演讲者的音量达到了理想效果。而想象一下在此之前，恺撒大帝对罗马军团的演讲、林肯总统向两万名听众发表的“盖茨堡演说”都是在室外进行的，且均未通过扩音器放大音量。1900 年，在科罗拉多州博尔德市，威廉·詹宁斯·布莱恩[①]于科罗拉多大学的肖托夸民众教育运动[②]中发表讲话，当地报纸报道在科罗拉多大学校园一英里之外都可以听到他的雄浑高昂的声音（能听得到他的声音，但听不清确切的内容）。演说家们往往掌握控制呼吸的技巧，因此可以长时间、声音洪亮地演讲。

而如今，仍然有一些舞台表演者有着响亮的音量和非凡的呼吸控制能力。为了保证音量足够大，让楼座最后一排的听众也能够听得清楚，古典歌手和舞台演员仍然接受着能提高音量的专业训练。歌剧演唱者们（尤其是其中的佼佼者）肺部中被压缩的空气所释放出的能量，能让他们的声音穿透交响乐团的伴奏。歌剧演唱者通常体形较胖，这种体形为响亮高音的产生提供了必不可少的气息支持。当他们进行深呼吸时，额外的

---

① 威廉·詹宁斯·布莱恩（William Jennings Bryan）（1860 年 3 月 19 日—1925 年 7 月 26 日），美国政治家，民主党和平民党领袖。颇有吸引力的演说家。参见“威廉·詹宁斯·布莱恩”词条，载百度百科：https：//baike. baidu. com/item/威廉·詹宁斯·布莱恩。——译者注

② 托夸（Chautauqua，又译学托扩，肖陶扩）是 19 世纪末期与 20 世纪早期在美国非常流行的成人教育运动（同时也指其集会教育形式）。在 20 世纪 20 年代中期以前，肖托夸集会在美国农业地区广为传播。肖托夸为社区提供娱乐与文化教育，与会成员包括当时的演说家、教师、音乐家、艺人、牧师和其他各方面专家。但这一运动随着广播、电视剧、电影等的崛起而逐渐消亡。载 http：//www. chezaiyi. cn/philosophy/230436. html。

体重会帮助腹壁向前移动，使膈膜变平并将大量空气吸入肺部。随后这些空气被工作中的腹肌、横膈膜和肋间肌产生的力压缩、上推，经过喉部时带动声带振动。

声带的长度则决定了声音的类型。无论是富有磁性的男低音还是雄浑高亢的男高音，婉转柔和的女低音还是嘹亮有力的女高音，所有音量高的声音都离不开肌肉提供的力量和日复一日的练习。

这种肌肉呼吸法非常适用于公开发言。在不使用扩音器的情况下想要让听众都能够听清，只能通过持续的呼吸控制来实现。快要说完一句话时，由于气息不足，发言者的声音往往会自然而然地变弱。句尾的声音太轻往往是听众无法听懂演讲内容的缘故。因此，要想拥有足够洪亮的声音，你需要向歌手和演员们学习：在每句话结尾，利用腹部肌肉和胸腔肌肉保持、甚至提高音量。

◎ 嗓音疲劳

发言时间过长有时会导致嗓音疲劳。我们需要知道，其实解决嗓音疲劳的关键并不在于喉咙，而在于腹腔。嗓音疲劳是由于缺少足够的呼吸支持。如果经过声带的空气不足，咽喉会负担更多的压力而变得紧张，最终嗓音就会疲惫而沙哑。如果你逐渐感觉到嗓音开始变得疲惫，则应该注意你的呼吸方式，尤其是在吸气时要尽可能地运用腹肌。

在话题切换时的短暂间隙，你可以有意识地控制自己的呼吸，在句与句之间稍作停顿并深呼吸。从腹腔开始呼吸，从而让嗓子省力。

◎ 喉咙与声带

空气被横膈膜从肺部推出，经气管上升至喉咙。喉咙是“封装”声带的“音箱”。尽管声带看起来就像两条伸长包裹在喉咙外的粗橡皮筋，但它并不是“带子”，而是附在喉咙两侧的软骨。两侧的软骨之间存有间隙，当你说话时，空气就会从间隙中穿过，引起声带振动。通过声带的空气量越大，声音的音量（声学中指的“分贝”）就越大。当我们轻声耳语时，用的空气量极少，因此声带几乎没有发生振动；而当我们高声呼喊时，呼出的空气量大，因此声带会发生剧烈的振动。

仅仅通过控制喉部是无法提高说话音量的；相反，如果给颈部、喉咙以及声带增加不必要的压力，反而会使音量受限，甚至有可能损伤声带。因此，我们应该保持颈部和喉部放松，使空气能够不受额外压力、畅通无阻地通过声带。颈部和喉咙越放松、协调，声带就能愈加轻松、有力地振动。

由于无法直接通过肉眼观察声带，我们很难通过技巧对其进行控制，而只能依靠自身感觉。一些声乐老师将喉咙打开的状态比作因惊恐倒抽气时那种急促深吸气的感觉。请你将手指轻轻放在喉咙处，模仿因吃惊而猛吸一口气的感觉，感受在咽喉张开时喉头向下滑动的感觉。这就是我们要找的那种放松状态下喉咙张开的感觉。

◎ 发声器官与发音

颌、唇、舌等发声器官与牙齿和上颚一起将振动的空气柱转化成清晰的语言。人的面部共有 44 块肌肉，它们与上述的发声器官协同工作，让我们能够清晰地发出每个字音，从而清楚地表达自己的观点。我们越用力、精准地运用这些肌肉，我们的声音就越清晰，听众就越容易明白我们要表达的意思。

对话时，句子的上下文和语调走向能够辅助人们相互理解，因此咬字不够清晰并无大碍。然而，在向听众演讲时，你必须清晰地发出每个字音，即便是那些在对话中会被吞掉的字音。为了做到这一点，你需要仔细揣摩。

◎ 演讲前的“热身”

要想清楚表达演讲内容，最好的方法就是努力做到咬字清晰，并注重发音的各个细节。过去，演讲与表达课曾是小学必修课，现在却早已退出舞台。可能一提到“演讲与表达”这个概念，你眼前会浮现出这幅画面：一个穿着带领衬衫、站得僵硬笔直的教员，正站在三尺讲台上咄咄逼人、滔滔不绝地给台下的学生们灌输思想。现在，除了演员、歌手和播音员仍旧要学习发音、措辞，对其他人而言，再学习演讲技巧就太过时了。

然而，为了他人理解准确，演讲者要做到言辞达意，而运用发音器官则是其中必不可少的技巧。在说话之前，你需要先“预热”发声器官，让它们立刻进入准备状态，以避免刚开口就舌头打结的尴尬情形，正如田径运动员在比赛之前要进行热身。在刚开始发言时频繁出错会有两个弊端：一是会打击自己的自信心；二是容易给听众留下不好的第一印象。

下面来教你几个“热身”的小技巧。你需要找一处没人的地方，让发声器官和面部肌肉做伸展、热身运动，伸展活动大概持续几分钟。

将你的嘴巴张到最大，同时睁开眼睛，上挑眉毛，伸出舌头。（不要害羞，没有人看你。）倒序做这些动作以持续刺激相同部位的肌肉。收回舌头，紧闭双唇、双眼，想象面部已经拧成一团。然后交替做这两个动作：伸展—收紧—伸展—收紧，反复做几次。接下来，试着将面部所有肌肉向左挤，再向右挤；向上挤面部所有的肌肉，然后向下挤。接着自由地活动面部肌肉，尽量让每块肌肉都得到拉伸。现在停下来，感受面部血管中涌动的细微的暖流。至此，为清晰吐字而进行的发声器官热身运动就大功告成了。

接下来，我们来给双唇和舌头热身：重复朗读一些短词组，并逐渐适应、慢慢提速。练习时你需要比平时说话更用力、吐字更清晰，为真正的演讲做好准备。

另一种“预热”发声器官的方式是，在脑海中列出一串带有会让舌头打结的单词，并将之用于“热身”练习。选择那些自认为具有挑战性的单词。

多进行几次上述热身练习，可以加速面部肌肉的血液流动。尽管在向公众演讲时并不会如此夸张，但这不失为热身训练的绝佳方法。

当呼吸和发声渐入佳境，下一个问题就是如何调控肌肉产生的能量。解决这个问题首先需要给自己一些时间，反复进行试验，以便找到最佳的说话节奏。

选择具有表现力的表达方式

要想让发言表述清晰、表达生动有力，你需要有意识地作出“词语的选择”。例如，你选择词汇的同时也要思考：突出强调哪个词才能清楚地传递信息？着重强调哪些语句才能准确地表达观点？

句子中的哪些词是应当重读的关键词？如同在阅读文章时用荧光笔标出关键词，你在发言时也可以通过重读强调重要的词句。判断重点需要花费一些时间，而通过阅读第二章我们知道，肾上腺素的刺激往往会为我们留出一些时间。抓住机会想清楚要说的内容，以及如何以更具有表现力的方式说。

沉默是能让发言更具说服力的妙计。如果每次的沉默你都会觉得尴尬，那么你在发言时会容易放“连珠炮”而无暇斟酌字句，由此导致语无伦次、词不达意。这是因为思考速度不及说话速度，在你的大脑作出决定前，发言内容就已经脱口而出了。

另外，大脑思考的速度跟不上过快的语速也会导致你会不自觉地冒出许多“呃”“嗯”之类的思维噪声。久而久之，你的自信心会非常受挫，思维链条也会土崩瓦解。因此想要做具有说服力的演讲，你需要先控制语速；而做到控制语速，你就必须学会适当静默。（我们在第二章中曾提及，听众如果没有足够的时间思考，就会容易忘记演讲内容，更别提会信服演讲者了。）

◎ 提升能量、放慢节奏

完成一场精彩的演讲所消耗的能量，远比日常交谈所需要的高。因此，仅仅保持轻松自然的讲话状态不足以完成出色的发言，表现自然的演讲者也不一定能让听众信服。演讲者自身分泌的肾上腺素是演讲时必不可少的能量来源之一。肾上腺素可以在潜在危及生命的情境下为身体提供能量，因此，人们在处于焦虑时往往会告诉自己“我能应对”。此时，我们要做的则是适应这种情形并试着运用这些能量。你可以对自己说：“太棒了！我有些紧张，但这正好可以为演讲提供额外的、宝贵的能量。”

你可能会觉得激情澎湃的演讲与飞快的语速是密不可分的，因此认为富有激情的发言者必定会语速飞快。然而，事实上并非如此。语言的力量并不一定体现在语速上，也可以通过强调重点内容得以体现。生动的演讲一定是重点突出的，与语速无关。人们在发言时，往往会为了说服他人放慢语速、言辞恳切。力量的展现是为了突出重点内容，而语速的放缓则是为了留给听众思考时间从而说服他们。

呼吸和预热、使用发声器官的过程就是在积蓄力量。你要做到有意识地将说话内容组织成语块以放缓语速。人的大脑在形成语块的过程中会反应快速、思维敏捷，另外，将信息语块化有助于听众理解。

◎ 多说短语、少说整句

在日常会话中，我们会通过使用语块表达想法。字组成短语，短语形成语块或句子。在书面表达中，标点符号是语块的分隔符，由句号、逗号、问号、叹号以及破折号等标点划分语块。围绕一个中心论点展开的多个语句组成一个段落语块，可以通过缩进和调整行间距进行直观的分隔。

开始发言时，你很可能会经历肾上腺素造成的“时间弯曲”现象，此时你应有意识地多用短语、少用完整的长句，并在短语之间稍加停顿，为自己留出思考的时间。短语间、句子间的停顿是“有声”信号，能够提示听众前一个语块已经结束，后一个语块即将开始。如果你的发言从头至尾没有停顿，听众就无法捕捉到“有声的标点符号”，歧义便由此产生。请想象一下，如果一篇文章全篇没有标点，会给读者带来多大的视觉冲击和认知挑战：

演讲开始时当你开始感到肾上腺素起作用就应有意识地多用短语少用长句并在短语之间稍加停顿为自己留出思考的时间

短语间句子间的停顿是有声信号能够提示听众语块的开始和结束如果从头至尾没有停顿听众就无法捕捉到有声的标点符号便会产生歧义请想象如果下一段从头至尾没有标点会给读者带来多大的视觉冲击和认知挑战

即使所有字词都准确无误，没有标点的文章也会晦涩难懂。这个道理在口语中依然适用。听众也需要“有声的标点符号”来提示语块的开始和结束。无论是在短语、句子还是段落中，停顿都有助于意思的清晰表达。

由于肾上腺素会扭曲人们对时间的感知，你往往无法正确感知自己的语速。因此，你要学会使用短语，为大脑预留出充足的时间建构每个句子和问题，并且每次只需要说一个语块——有时候单个字词也可以成为一个具有完整意义的独立认知语块。正如我们在第二章中提到的，人的大脑喜欢“成块”记忆。而这种策略完全符合听众的认知过程。但是这与惹人恼怒的慢吞吞的说话方式大相径庭：演讲者在慢吞吞地说话时必须得缓慢地发声，听起来十分滑稽、别扭。（因为……你……不会……每次……只……想到……一个……词……）而多说短语、少说长句则更符合大脑的工作规律。

如果你平时说话像机关枪一样“哒哒哒”地说个不停，那是时候稍微放松“扳机”调整一下了。多用短语，善用沉默，这有利于听众从你的讲话中捕捉和整合信息，从而达到说服的效果。这样，纵使你的“子弹”仍会飞驰而出，听众也有时间捕捉“枪林弹雨”中的真知灼见。

练习在说重要内容时放慢语速，从而让关键信息浮出水面。如果你用一成不变的快节奏说话，会给听众带来所有信息的重要程度都相同的错觉。因此，为了突出重要语句，说话时要适时放慢语速。

◎ 断句技巧

想象以下场景：一位家长因不满孩子回家太晚，正劝说犯错的孩子不要再这样做；家长放慢语速、提高音量，一个短语一个短语、平静却掷地有声地说道：

如果你再敢

这么晚回来

你会被禁足

一个月

你听见了吗？

请大声读出上面的句子，尽量有意识地逐个读出短语，就好像你自己置身于此情景中一样。

通过控制语速来突出句子中的重要信息，试着找到一种恰到好处的节奏，最好既不要过快又能保证以短语为节拍。如果上述警告用非常快的语速说出，听起来则不那么令人信服。在试图说服对方的演讲中，往往会用重读强调关键字，保持较慢的语速。

历史上擅用短语的著名演讲家比比皆是。约翰·肯尼迪总统在就职演讲中就使用了短语式的节奏，发人深省、掷地有声：

请不要问
国家可以为你做什么
而是扪心自问
你能为国家奉献什么

不难发现，如果你大声但快速地复述以上文字，其震撼力就会大打折扣。但如果你放慢语速并强调重要词句且每次说一个短语，则能感受到文字间涌动的力量。再次复述一遍肯尼迪总统的这段演讲词，这一次尽量做到声音洪亮、语速更慢，仔细揣摩短语之间片刻的停顿所带来的力量。试着延长短语间的停顿时间，缓慢的语速能突出所表达观点的重要性。

◎ 调整节奏

演说家无法始终保持放缓语速并刻意地将句子分成各个短语说话，你断句的方式和说话速度取决于发言内容的重要性。

在第二章中，我们提出应当精心编排发言的开场白和结束语，让开场引人入胜、结尾发人深省。在开场白和结束语以外的发言过程中，你在说关键信息、强调重要事实和提出反问时，会倾向于用短语表述。而那些相对不太重要的过渡句则可以快速带过，如“接下来谈一谈发生在7月15日的事……”这些句子中没有需要听众逐字逐句捕捉的关键信息，因此并不需要用短语的形式表达。你需要本着增强演讲说服力的根本目标，判断何时、何处需要变换语速。

灵活调整说话节奏，在说到重点内容时放慢语速、用短语表述并保持较高的音量，以便留给听众更多时间思考、记忆，跟上你的节奏。

慢—快—慢—快，必要的语速转换如同火车驶离车站的行进过程。起初，放慢速度是为了将思维的火车引上正轨，刻意放缓节奏是为了向听众表明这部分信息的重要性，在演讲开场吸引听众。紧接着，你会随着演讲的展开逐渐加快语速，如同冒着滚滚浓烟飞驰向前的火车；沿途中，每次进站时火车都会减速，你在说到关键内容时也应放缓语速，确保听众跟上节奏。

由于大脑善于用短语组句，我们往往会在说话中使用短语。你会在说到重要内容时，延长短语间停顿的时长；你虽然会在快速说过渡句时使用短语表述，但会缩短短语间的停顿时间甚至不停顿。

◎ 开口定节奏

每次发言时，你开口说出的第一句话会在无形中为接下来的演讲定下节奏和基调。因此，你在说开场白时应格外慎重，否则，就会出现以下情形：

呃，感谢你们给我这个机会，让我能在今天下午向，呃，董事会发言，我想向各位概述……一系列重要的事情……是我们在审查贵公司知识产权资产时发现的，我会发给大家一份清单，如果有时间的话，呃，你们可以提问。

出庭律师往往在发言开场时语速飞快。他们通常聪明机智、受过良好的教育并习惯使用复杂的书面语，但他们发言时饱含的热情往往会成为“绊脚石”。如果你说第一句话时语速过快，这种急促的节奏会容易持续下去，那么接下来，即便是在关键信息出现时，你也很难“刹车”。为了避免该情形，你需要提前反复地大声练习开场白。有意识地设定一种较慢且从容的开场节奏，将句子划分成短语表述，而非不假思索地抛出整句话。使用以下这种老套的“介绍模板”开头时需谨慎：

早上好，我是马可·莫雷利，在莫雷利律师事务所工作……

因为你可能会不断重复提及你本人和公司的名字，然而，你一旦说到实质内容，你和听众都将无法适应这种快节奏。如果非要套用模板，你要有意识地控制语速。

即使自我介绍环节必不可少，你也可以将之安排在介绍演讲主题后：

你的公司会如何利用你目前控制的知识产权资产呢？我是来自莫雷利律师事务所的马可·莫雷利，我今早的发言就是为了回答这个问题。

用疑问句开场是个不错的选择，不仅可以引导听众开始思考，也能有助于你从演讲开始就控制自己的说话节奏。如果你选择在开头抛出问题，那么你可以继续用一系列疑问句展开接下来的发言。

这些资产是什么？

这些资产目前是如何被处置的？

你如何保护它们不受侵犯？

该程序的下一步是什么？

你可以利用提问转换话题，这种方式比那些陈词滥调更好。例如：

现在我想说说接下来的步骤。

◎ 想好再开口

你说完介绍性文字或套用模板的内容后会逐步切入正题，此时仍需控制语速。较缓的语速和逐字逐句的说话方式，可以为发言者留出更多的思考时间，以便更好地控制整个演讲。

你在说话时可以思考说话内容。如果你在说话时经常会在短语或句子间刻意地停顿片刻，那么即使某次停顿思考的时间略长也无关痛痒。短暂的静默有助于避免思维脱缰的情形，你可以借此稍作调整并继续展开发言。你在对话开始时并不知道会如何结尾，不妨利用说较长句子的机会进行思考，而不必吞吞吐吐或刻意纠正字词来获取思考时间。

消除“思维噪音”

多数人在日常对话时会不自觉地发出“呃”“嗯”“啊”等“思维噪音”。这只是一种习惯，与智商或教育无关。即便是接受过高等教育的演讲者也会发出思维噪音，且频率有时甚至会远超他们自身所意识到的，而拥有或缺乏这种意识都有可能促使思维噪音的产生。有的人会在短短一分钟之内习惯性地“呃”十次、十五次甚至二十次！如果你在听他人说话时留心计数其说“呃”的次数，你可能会大为吃惊。

你在说话时也习惯时不时地“呃”一下吗？和其他所有习惯一样，发出思维噪音是下意识的反应，因此你可能会对此毫无察觉（更别提有意识地对此加以控制了），你可以听听自己说话的录音（可以听听语音信箱中自己的留言）。如果你在日常对话中经常重复这个习惯，那么它就会成为根深蒂固、难以控制的顽疾。如果你能意识到自己说“呃”的频率，就可以有意识地控制自己不说，至少能降低使用频率。

思维噪音是让你在发言时无法保持自然的重要原因。保持自然状态极有可能会自然而然地发出恼人的“呃”“嗯”“啊”

"你知道"。如果你站在听众前准备发言时才想到要克服思维噪音，显然太迟了，必须提前做出改变。我们的目标是：消除一切思维噪音——无论是在职业对话时、法庭会议室中，还是在电话里或直接面对当事人时。你要竭尽所能成为一名自始至终能表意清晰的称职律师。

如果采用短语的形式说话，却不会利用沉默停顿，思维噪音很容易顺势"兴风作浪"。在那些本该沉默的间隙，"呃""啊"等单音节词很容易"见缝插针"。这些思维噪音之所以会出现，是因为我们本该继续说话却没有想好要说的内容，只能先用"呃""啊"填补此处的空白。这些恼人的"呃""啊"通常会持续一秒左右，且通常与演讲者其他的说话内容保持同样的音调，容易让听众分心。

一些口头禅也属于思维噪音，如"你知道的"这类表达就常出现在短语与短语、句子与句子之间，起到为思考留出准备时间的作用。无论是孩童、青少年还是成年人，都经常在口语表达中使用"比如说"：比如说，没有什么清晰的根据可以比；比如说，这种恼人、幼稚的口头禅更能说明；比如说，人们未能充分意识到；比如说，他们的职业身份。律师事务所的暑期实习活动的工作人员惊讶地发现，这种说话经常带有"比如说"口头禅的人往往很不受欢迎。满口这种不成熟表达方式的人实在很难被视为专业人士。

思维噪音让人恼火的另外一个原因是，它占用了听众的思考时间。正如同演讲者需要停顿片刻来思考要说的话，听众也需要借此消化内容，而思维噪音恰好占用了这一瞬间。如同手机的静电干扰一样，思维噪音会干扰听众理解演讲内容。值得庆幸的是，思维噪音是可以被克服的。

◎ 留心间隙

火车进站时，伦敦地铁里的乘客总会听到广播里的提示："留心间隙！留心间隙！"那甜美悦耳的声音时刻提醒乘客留意车厢与站台间的间隙。而"留心间隙"这个短语在消除习惯性的思维噪音上也有用武之地。

我们可以把它作为提示，在短语之间插入片刻沉默的间隙，然后遵从指令：小心间隙！多加留意！此时你还有想要发出思维噪音的冲动吗？聆听短语与短语间、句子与句子间的片刻停顿——这是短暂的空白，而非长久的沉默。就在这片刻的沉默中，请集中全部注意力。

想要戒掉某种习惯，给大脑传达积极信号（如"留心间隙"）比给大脑消极的引导（如"别说'嗯'"）更有益。消极的引导会让我们把注意力集中于问题本身，而非解决方案，因此反而适得其反。因此，不要总是告诉自己不能做什么，而应该鼓励自己多去做一些更有益的事，对演讲而言亦是如此，想要消除思维噪音，我们应该更加关注解决方案，并留意字句间的间隙。

然而，你要明白，所有你希望消除的思维噪音，其实都是大脑的“有声提示”，说明大脑需要一秒钟思考时间。因此，最佳的解决办法是给大脑留有时间思考，但不能在静默时随意使用毫无意义的思维噪音。接下来的第四章《如何练习》将详细介绍消除思维噪音的方法。

重音与达意

用短语的形式说话并保持句与句之间的间隔有助于控制声音、消除思维噪音，从而使声音清晰悦耳，思维连贯流畅。采用这种节奏说话也能有助于向听众清楚地传达信息。富有表现力的演讲往往需要更多的时间。如果你的语速太快，就没有充分的时间来强调体现发言意义的关键词。因此，你需要花些时间措辞，然后通过重读使其体现最强的说服力。

重音对于语篇理解至关重要。将重音放在正确的词语上也可以让其便于理解；相反，如果演讲者因带有浓重地域口音而将重音放在了不适当的词语上，则会给听众的理解造成影响。想让演讲内容清晰易懂，你应遵循以下原则：在词语中，将重音放在正确的字上能让其表意明确；在句子中，强调关键词可以让句子便于理解；段落中，强调关键语句能增强段落连贯性；语篇中，合理地凸显重点能够使整篇发言主次分明、详略得当。重音的合理放置往往能够使表达更加明确。

想象以下情形，你在向听众介绍一宗商业交易："她从未承诺过这些货物将在星期二之前到港。"这句话的含义会因为词语重音放置的不同而产生微妙却重要的变化。大声重复这句话，将重音放置在斜体的关键词上：

*她*从未承诺过这些货物将在星期二之前到港。（*她*没有承诺过，但可能*其他人*做过承诺）

她*从未*承诺过这些货物将在星期二之前到港。（强调“*从未*”即表明是完全否定）

她从未*承诺过*这些货物将在星期二之前到港。（将重音将在“*承诺过*”着实有些让人摸不着头脑）

她从未承诺过这些*货物*将在星期二之前到港。（或许她承诺的是发货单，但不是*货物*）

她从未承诺过这些货物*会*在星期二之前到港。（可能这些货物早已经到港，只是因为物流原因耽搁了）

她从未承诺过这些货物将在星期二之前*到港*。（可能这些货物在周二之前装船了，但没有*到港*）

她从未承诺过这些货物将在*星期二*之前到港。（可能是星期三？反正不是*星期二*）

另外，同一个句子中也可以重读多处：

她*从未*承诺过这些*货物*将在*星期二*之前*到港*。

这才是具有说服力的演讲。

重音的选择会影响句意的表达的例子很多，其中较为典型的是林肯在葛底斯堡演讲中的一句话：“民有、民治、民享的政府。”

我们通常会将重音落在“有、治、享”上。即：

……民**有**、民**治**、民**享**的政府……

那么，如果我们重读其他字词，会出现什么效果呢？

电影制作人肯·伯恩斯在他的纪录片《内战》中，曾让演员萨姆·沃特斯顿在表演葛底斯堡演讲时将重音放在其他词语上。伯恩斯认为应该重读“民”，即：

……**民**有、**民**治、**民**享的政府……

表演的艺术在很大程度上基于通过强调让语义清晰、丰富。剧作家写下的书面文字，将由演员赋予其生命力。因此将重音落在何处就应由演员与导演一同决定。在《推销员之死》的原著中，剧作家阿瑟·米勒笔下的推销员威利·洛曼的妻子琳达描述丈夫令人绝望的困境，“必须引起关注”。剧作家没有说明这句话中哪些词应当被强调，因此重音的放置只能由演员来决定。

必须引起**关注**

必须引起关注

必须**引起**关注

或是这短句中每个词都值得重音强调：

必须……引起……关注！

表演是一门艺术，而不是科学，因此以上每一种选择都有各自的意义。数名演员用经过训练完善后的声音，将自己深思熟虑后认为最佳的理解传达给观众，最终塑造出一个角色。

演讲亦是一门艺术。每一处为了准确表达而作出的重音选择，就仿佛油画中浓墨重彩的一笔，能为你的演讲增光添彩。然而，艺术和公众演讲的不同之处在于你在面对各类“突发情况”时要随机应变，而不能像演员一样照着台本背诵台词，因此重音的选择也往往需要即兴发挥。在谈话时，你也经常不假思索地这么做。事实上，你在说每句话时都往往会下意识地强调多个词，至少一个词。

不妨多听听自己以及他人的发言，细细品味其中重音的放置、表达差异以及其他细枝末节。

◎ 音量、音高与持续时长

你可以通过改变音量、音高和持续时间来强调某些字词。我们往往会简单地通过提高音量来强调语句中的关键词。不妨尝试读出葛底斯堡演讲的这个短句，并大声强调斜体字词：

……*民*有、*民*治、*民*享的政府……

再将重音落在另外的字词上：

……民*有*、民*治*、民*享*的政府……

然后用截然相反的方法达到强调的效果：轻读关键词

（仍保持严肃），和其他词形成对比：

……民有、民治、民享的政府……

你也可以通过提升音高实现重读。再次朗读上面的例句，在说关键词时提升音高。这种处理方法在这句演讲的不同版本中较为常见。接下来换种方式，说关键词时降低音高：

……民有、民治、民享的政府……

再次重读这个句子，提升和降低关键词音高的方法各读一遍：

……民有、民治、民享的政府……

如果分辨不出自己音高的微妙变化，你可以将自己的声音录成音频来听。

聆听马丁·路德·金的民权演讲“我有一个梦想”的录音，你会发现他经常通过延长斜体字的发音来强调字词：

我梦想有一天，这个国家会站起来，真正实现其信条的真谛。我们认为这些真理是不言而喻的：人人生而平等。

缓慢而大声地朗读上面的句子，尽量将句子分成短语读，以获取足够的时间拉长斜体字的发音。

以下是约翰·费茨杰拉德·肯尼迪总统就职演说中的一句话，延长关键词的发音，用同样的方法朗读：

不要问国家能为你做什么，而要问你能为国家做什么。

当然，你也可以选用截然不同的方式来读以上摘录的两段话，可以抛开抑扬顿挫的节奏，不考虑字与字之间的内在含义，只是平淡地朗读。这样的演绎中，每个单词的重要程度差不多一致。或者你可以通过重读关键词来凸显字词间蕴藏的内涵。如此强烈而富有表现力的表达方式能够表达出词语背后的内涵，而并非只是读出了字词。我们要的演讲，绝不仅仅是读出字词，而是要恰如其分地传达出每个字词背后的内涵。要言之凿凿，曲尽其妙。

与上面提及的演讲者不同，你不能提前备好演讲稿并向听众读稿。你需要临场应变、选择合适的表达、决定重读哪些词。在对话中调整音量、音高和持续时间，持续的思考、演讲会让你精神抖擞、神清气爽。

◎ 当你必须照读时应注意什么

尽管读稿无法实现与听众有效的交流，但在发言时确有需要读稿的情形，如直接引用法规、最高法院意见或合同中的内容，在法学继续教育研讨会中朗读道德行为准则，引用公司性骚扰政策中的表达，或大声朗读屏幕上的引文。若遇到这种情形，你应放缓语速，以短语为单位大声朗读。由于你的大脑已经适应了默读速度，因此务必注意避免语速过快。因此，如果想让听众充分理解你的讲话，你必须要时刻留意：放缓速度、一次说一个短语。放缓语速、重读关键词可以确保你能够清楚地表达自己的观点。为此，你可以在文本中加上斜线标记，标明将句子分成短语的位置，并重读要强调的关键词。

现在，我们已经在一定程度上明白了应该如何呼吸、发声以及清晰地表达，我们也学会了通过擅用短语，留意短语间和句子间的空隙，通过提高音量、强调关键词以及拉长声音来使表意清晰等方式让思维与声音协调一致。

现在，我们再次讨论手势。我们应该如何运用双手，让演讲更加富有表现力呢？

手势与重读

我们不但可以通过肺部的呼吸来发声并使声音增色，还能通过手势让声音更富有表现力。人们在想要强调句中的关键词时，会不自觉地运用手势。正如亚娜·艾弗森博士对手势研究所揭示的那样：“手势和语言在我们的大脑中以一种非常基本的方式紧密相连。”

观察一下这种联系是如何体现在你身上的。看一段自己演讲时的视频录像，边听你的声音边观察自己的手。你可以用便利贴遮住屏幕上自己的脸，使注意力完全集中在手势之上。

通过观察双手的动作，其实能够在一定程度上感受到哪些词是应该强调的关键词。即便手指或手腕只是轻微动了动，这些动作也发生在关键词上。这些动作绝不是无意义的“小动作”，要相信你的双手知道该怎么做。

第一章中提到，做手势能让你显得自然从容。然而，你应当激发做手势的本能的关键原因是，手势能够让你的想法得以清晰准确地表述，从而让你的发言丰富精彩、更加具有说服力。双手知道应该如何配合你重读哪些字词、延长哪些词的发音。当你不使用手势时，传递出来的信息就变得晦涩难懂，让听众难以理解。做手势虽会影响体态，却可极大地提升语言表现力。你甚至可以认为听众是在“听手势”——当然不是指看手部动作，而是指感受到手势对语言表达的重要性。

◎ 音调单一

缺乏手势会导致对关键词强调不足，而缺乏对关键词的强调则会导致所有词的意义不明确，从而会减弱演讲的说服力。关键词不突出的演讲很容易出现含义不明、听众难以理解的问题，连续不断的语流里隐藏的意义会让听众难以捕捉。音调单一从字面意义上讲就是单调的、无抑扬顿挫变化的音调，往往存在于单一音调的乐曲中。

如果说话音调单一，那么没有哪个人，或者准确地说没有哪个人的身体，在运用了手势的同时会用单一的词语讲话。那样乏味的演讲中通常都没有手势。下一次听无聊的演讲时，你不妨将其当作一个学习的过程。问问自己：这位演讲者做了手势吗？将视线从演讲者的脸上移开，注意其手上的动作。你会发现语调单一平缓的演讲，原因或多或少都是由于演讲者没有运用手势。因此，做手势是避免演讲中语调单一的好方法。

◎ 指挥自己

手势的速度会直接影响演讲的语速。双手快速移动时，你会不自觉地快速说话。当双手缓慢而平稳地移动，你的语速也会随之减慢。用手势塑造语言的形式，与管弦乐队的指挥对演奏者的影响有着异曲同工之妙，乐队指挥挥动手臂的速度决定了音乐的快慢。手势的速度和语速之间的联系是强大的，你无法边快速做手势边慢条斯理地说话。因此，如果你想将语速放慢，可以先尝试放慢手势，去“指挥”自己控制速度。

◎ 流畅表达

一位表达流畅的演讲者应做到手势自然、语速适中：动作舒缓、连贯而并非快速、笨拙，因此，其声音亦会随之平缓、流畅。

发言开场时，手势速度和语速之间的这种联系尤其重要。你必须要在发言时立即开始做手势，同时保证手势流畅、速度较慢，且具有一定感染力。如果不这样做，你控制手势的本能就会导致你的手势幅度较小、速度快且不流畅，从而导致语速过快，思路跑偏，从而给听众留下不好的第一印象。

如果你从开场就做手势，自然的动作会让你自己和听众都觉得舒适，并且能够帮助你保持适当的语速，你会有更多时间仔细思考要说的内容。因此，你从一开始就能够更有效地观察、聆听、思考、表达，这些积极的第一印象自然会引起听众的注意。

协调手势与语速的秘诀在于踏踏实实地反复大声练习。不要幻想依靠运气和灵感。

◎ 练习开场，加上手势

提前确定你在发言开始时要说的确切内容。这是为数不多需要你逐字逐句、一字不差地进行练习的几句话。不要幻想在正式演讲时依靠临场发挥。那是不可能的！（正如第二章中提到的，临场发挥时往往会说出不合适的语言。）

一旦确定了第一句话的准确措辞，你就应当考虑如何让手势与语言、观点相匹配。在第一章中关于如何启动手势的讨论涉及应选择将哪些词语和想法放置在“架子”上。请时刻牢记，这个虚拟的、隐形的“架子”就是你在发言前双手摆放的位置。你从一开场就要有逻辑地做手势。

你也可以在说第一个涉及发言实质性内容时才做手势。将手势与说话内容有机结合，让手势成为听众视觉上的辅助工具。强调关键词，让听众明白你表达的意思。

你在说完第一句具有实质性意义的话时，如果身体此时处于放松而舒展的状态，那么就已经给听众留下了积极的第一印象。你的体态仿佛在告诉听众：请相信我，我会开诚布公、坦诚相待，没有任何隐藏和隐瞒。我放松而自然，丝毫不紧张、拘谨。除此以外，自然的姿态被本能唤起后，你就不必再考虑手上的动作了。只有思考并提前反复练习演讲开场的手势，在发言时才能有意识地做出恰当的动作。只要启动手势，你就能依靠身体的本能应对接下来的手势。

你一旦决定开场白合适的手势，就应当反复练习，让手势与语言相协调。仅靠在脑海中想是不够的，肌肉是有记忆的，你只有经过多次真实的动作练习才能形成肌肉记忆。你可以独自站在房间里大声演讲并练习手势，形成手势与语言相配合的肌肉记忆。（更多关于肌肉记忆的内容详见第四章。）

另外，你还可以用另一种方法让肌肉为立即自然地做手势做准备，这是一种为身体活动而做的心理准备，是从专业体育运动中借鉴而来的。

◎ 表现可视化

运动心理学家建议运动员在比赛前想象他们比赛时要做的动作，这个过程被称为“心理彩排”。奥运会滑雪运动员会想象蜂鸣器响起的那一刻，自己将在山谷中完成大回转；短跑运动员会想象着发令枪响的瞬间，从起跑器中飞快冲出。而作为演讲者，你可以想象自己在演讲开始时的身姿。通过将反复练习后了然于心的动作可视化，帮助自己更好、更有信心地做手势。

运动员在比赛开始之前进行热身并保持身体放松。但是，坐在座位上准备发言的你没有这样的机会，你在起身发言前可能需要坐很长一段时间，所以你即使提前做了热身运动，久坐也会让你的体温降下来。

可视化的方法能让你在听到“有请下一位演讲者”前做

好准备工作。你可以在座位上提前思考开场内容，想象配合发言内容的手势，“聆听”用短语形式说话的节奏。运动员可以通过这种可视化技巧赢得奖牌；你可以利用相同的技巧征服听众。

自然交谈中的韵律

韵律是日常语言中音乐元素的总称，包括速度、节奏、响度、停顿和语调。在你说话的过程中，这些音乐元素与语法、意义相互作用。我们已经研究过一些音乐特征：对关键词的强调可以创造自然节奏的韵律、响度和停顿。韵律让语言具有说服力，而语调是韵律的最后一个构成要素。

语调是指说话时音调的高低起落。这种律动创造了自然语言的微妙旋律。我们领略过语调单一的可怕，缺乏音韵与律动着实让言语显得苍白无力。因此，我们不断探索更加理想的、更富有表现力的其他方法。无论你的声音是高音（女高音或男高音）还是低音（女低音或男低音），在说话时都能够本能地使用包括低音、中音和高音音域中的一系列音高。但想要更具说服力，你需要掌握技巧来适时地选择语调和音高。

幸运的是，语调或音调的大部分必要变化源于对短语或句子中关键词的强调。重音的变化会让你的音高发生恰当的变化。因此，你应注意句末的语调或音高。你的音高会随着句子的结束降低或升高，音高的变化就相当于“有声的”标点符号——有声音的句号、问号或感叹号。

◎ 有声标点

我们可以将句子结尾处起起伏伏的音高比作上下楼梯，当音高下降时，就仿佛是在下楼梯，此时可听见的标点是“句号”。音高的上升则如同上楼梯，会成为有声音的“感叹号”！你在发问时，音高会平滑上升，变成“问号”。

如同在写作时我们最常使用句号，我们在说话中使用频率最高的也是“有声的句号”。当你降低音高时，不要强迫自己发出不自然的声音，应以一种微妙而意味深长的方式，在句末传递出自信和结束的信号。如果你希望听众跟上你的思路并被说服，首先就必须让听众从你的语言中感受到你对自己所说的内容的深信不疑——你要充满信心地说出来。这种“下楼梯”的模式有助于实现这一目标。

采用“下楼梯模式”的另一个好处是，能够让你有更多的时间思考接下来要说的内容。无论是对听众还是自己，这种逐渐下降的模式都意味着句子的结束。一句话结束了，有声的句号之后的沉默就像是书面文字句号之后的空白，能留给听众额外的时间来思考你刚说的话。句子末尾处声音的变化能够帮助你更好地意识到句子间的停顿，因为这种语调和节奏不易让你的大脑通过产生思维噪音填补空白。

此外，采用“下楼梯模式”可以避免句末语气上扬。如果你多次使用“有声问号”，或上扬短语、句子末尾的语调，那么所传达出的态度就会显得不成熟，并缺乏确定性和自信心。如果你希望别人重视你演讲的内容，就应该尽量避免这种发声习惯。为了避免在演讲中自我怀疑，请采用下降语调。

使用“有声感叹号”或上升语调，对增强语言表现力相当有效。演讲进行到一半时，你感觉听众的注意力在逐渐分散，那么此时使用上升语调就能帮你重新引起听众的注意。你就能继续介绍下一个话题，并稳步展开发言了！

◎ 锻炼口头表达技能

幸运的是，除了充满压力的公开发言的场合之外，日常生活中的对话能让你充分地练习口语表达。例如，你可以在与朋友的闲聊中练习消除思维噪音，这是练习将注意力集中在消除“嗯”和“呃”上的最佳时机。你在路上遇到堵车时，不妨趁机练习演讲风格（除了手势！）。当你发现自己在高速公路的车流中停滞不前，不如看着仪表板上的时钟，准备在接下来的十分钟心无旁骛地练习发言，然后自律地大声说十分钟，集中注意力消除思维噪音。意识到自己说“嗯”或“呃”时，你不必暂停也无须责怪自己，及时纠正、停顿间隙思考后继续往下说即可。

简言之，相较于不定期的长时间训练，定期短时练习更为重要。一场精彩的发言往往取决于开场白，练习的次数决定了你能否在开场时表现得出色。

你甚至可以在打电话的时候练习这些演讲技巧。在座机上贴一张便条提醒自己不要发出思维噪音。

本章小结

理性地遵循内心，让你的声音更具表现力。尽量不要说段子，即便你觉得有趣，听众也不见得这么认为。

声音的力量来自参与呼吸过程的肌肉，包括膈肌和肋间肌以及腹肌；清晰的发音依赖于发音器官间（嘴唇、下颚和舌头）天衣无缝的协作。因此，发达的呼吸肌和清晰、有力的吐字发音，将有助于听众理解内容。另外，重读句子中的关键词能够表达个人观点、突出重心，可以通过提高音量和音高、延长持续时间达到效果。

声音的韵律与语言的内涵相辅相成。你可以利用这一技巧，采用“下楼梯模式”展现自信，避免在句末使用充满不确定性的上扬语调。

刻苦练习本章所概述的技巧，体会有效且充满表现力的语言艺术所固有的力量和美妙。

自我对话

“把整句话分成短语说出，将句子拆分成语块。”

“利用短语之间的停顿安静地思考，这段时间其实很短暂。”

“读第一个短语后稍作停顿，为下文确定合适的节奏。”

“短语之间停顿的间隙中，不要发出思维噪音。”

“每个短语中至少有一个词需要重读。”

“演讲开场立刻做手势。通过手势强调关键词。”

“避免使用充满不确定性的上扬语调。”

“多采用‘下楼梯模式’，果断地结束每个句子。”

第四章

如何练习

古人云：熟能生巧。练习是提高任何学科技能的唯一途径。技能越复杂，需要的练习就越多。无论你是想成为更好的高尔夫球手、钢琴家还是演讲者，通向成功的路上一定洒满了勤奋练习的孤独汗水。

获得技能或是提升技能，绝不能仅靠思考、阅读或写作来完成。然而，令人惊讶的是，许多律师很少独自大声地进行公开发言的演练。练习本身非常艰苦，尤其对于工作繁忙的律师来说具有一定挑战性，但同时练习也具有创造性。一旦掌握了高效练习的诀窍，你就会开始享受练习的过程。有些人认为，练习并不是那么具有挑战性，因为它的过程重复单调得让人觉得愚蠢。还有些人则认为练习的过程令人尴尬。然而，想成为一名更加优秀的演讲者，就必须克服你所感受到的任何阻力并学着如何练习。

练习本身就是一项技能，甚至可以说是一项终极技能。掌握练习的方法就可以带动你的思维和身体进入学习状态。本章将指导你逐步掌握所需的技能，你将学会在更短的时间内更有效地练习，以达到事半功倍的效果。

有些律师认为发言前充分的准备可以取代最终环节的练习。当被问及他们如何准备发言时，绝大多数律师表示他们会：（1）仔细阅读相关材料（默读）；（2）进行思考；（3）在便笺簿上写下大量笔记；（4）祈祷他们所有的阅读、思考和笔记能够帮助他们克服面对听众公开发言的压力，没有演练也能形成条理清晰、有表现力的言论。实际上这是自欺欺人的行为，不要相信！

尽量独自练习。至少在刚开始的时候要这样做。单独练习，远离同龄人、同事或配偶的指手划脚，为自己提供一个容许犯错的环境。人人都需要练习才能熟能生巧、日臻完美，谁也不能在第一次的尝试中就表现得无懈可击。独自练习能够让你毫无拘束地大声练习，让天马行空的奇思妙想喷涌而出，并且不会因害怕犯错而畏首畏尾。

练习必须大声说出来。说话时需要调动肌肉进行运动，就比如呼吸和说话时调动的肌肉需要通过热身来使血液流通并不断调节一样。练习时应以模拟庭审中的说话方式为目标。你要保持仪态端庄、身体挺直，并伴有适当的手势。在仲裁的练习中，应坐下来并保证精力集中。

另外，你应保证尽可能多地进行练习。如果你感到非常紧张，那么只有通过练习才能够增强自信。即使是忙碌的专业人士，也会抽出 10 ~ 20 分钟来做这种练习。除了这些个人练习，如果可能，也要多在别人面前练习。所有这些练习都会有助于提升临场表现。

你必须在最理想的条件下单独大声练习，以便将已经读到、想到或写下的想法从头部（大脑皮层）转移到舌尖（发声器官）。公开发言从某种意义上来说亦是一种运动技能。

知其然和知其所以然

在人的大脑感知到是什么，与身体知道该如何去做之间，相差十万八千里。而练习，则能够消融这其间的距离。大脑的理解是身体执行的前提。例如，假设你想成为一名专业的速降滑雪者，你首先要阅读讲解速降滑雪技能的最佳书籍，并假设与此同时你也有幸具备过目不忘的能力，能够精准记忆书中描述的每一种技巧。当你读完这本书时，你的大脑对滑雪有了很多了解。但是这并不意味着你的身体已经学会了如何通过“黑钻石滑道”。你必须通过练习从书中学到的知识，才有可能掌握下山时的精湛技术。也就是说，由运动皮层控制的身体肌肉需要对那些规定动作进行熟悉。

本章内容能帮助你更加从容地应对实践，并让你逐渐拥有自己的感觉。想要获得期望的结果，就必须加以练习，因为阅读书籍的是你的大脑，而不是你的身体。你的身体对本书中提及的技能一无所知，而练习是让你的身体加以感知的唯一方法。

练习中的阻力与逃避

一句令人耳熟能详的名言说道："练习造就完美。"遗憾的是，这句话实际上是一种美丽却不切实际的空想。忘记完美！你练习的目标应是合理实际的，并不是让自己变得完美。作为出庭律师，完美不仅是遥不可及的，甚至是不可取的。听众不希望你完美，而是希望你有人情味，甚至是有一些能够被谅解的缺点和不完美。你的人情味会让人觉得你更加可信。

◎ 对着镜子练习

有一种观点认为，在镜子前练习更有助于提高。但我们发现这种做法通常会适得其反，除非你正在努力改进面部的细微表情。

我们之所以要练习，最重要的目的是让你摆脱自我意识。然而，镜子的存在恰恰是为了更直观地观察自己。在照镜子的同时，自我意识会让你关注你的发型、衣服或是妆容。

既然演讲者的目标在于充分关注你的听众，并在自我意识适度的情况下发言，你最不应该做的事就是借助会放大自我意识的工具（如镜子）进行练习。因此，在练习时你应对着假想中的听众说话，而并非对自己。紧盯着镜子中的自己是几乎无法完成摆脱自我意识的练习的。

但是，在某些时候，镜子可能会有所帮助。因此我们建议，不妨在镜子上贴上一张纸，使其仅遮挡住面部，但可以照见身体其他部分。这可以让你更关注自己的身体，尤其是手势。在你大声练习的过程中，请注意自己的手势是否过于拘束生涩、速度是否过快。现在，镜子能够给你提供实时反馈，却不至于让你过分关注自我。

◎ 抑制练习的合理性

“我不是演员！”

有的人会觉得，大声练习意味着浮夸、做作、虚伪。他们对练习中浮现出的自我意识感到不安，并担心自己的真实性可能会在某种程度上受到侵犯。因此，他们经常宣称：“我不是演员！我不能够假装。”

如果你也有相同看法，请对自己多几分信心：大声练习并不会让你变得虚伪；相反，有压力的练习更容易让你找到真实而自然的自我。当你对某种技艺的练习量积累到一定程度，这种技能就会成为你与生俱来的本能，一切就会变得自然而然了。

“我不想准备得过了头。”

这是另一种常见的逃避练习的理由。这通常意味着发言者曾试图在短时间内进行练习，但觉得不太舒服而中途退出，然后借口称是不想过度准备。

“我觉得太傻了。”

练习可以被视为一个非常真实的情感挑战：单独在一个房间里大声说话在旁人看来像是精神不正常一样！的确，人们在最初可能会觉得有点傻，但这种感觉其实是源于担心会被门外其他人听见的不安全感。解决这个问题的办法只有克服这种心理，别无他法。你是更想在独自练习的时候暂时性地觉得“有点傻”，还是希望在正式的公开场合被听众觉得愚蠢？

◎ 保持耐心

鉴于这些技能的复杂性，在练习时要保持心态平和、从容。要有耐心，技能的进步是循序渐进的。在独自练习之后，要多找机会在观众面前演讲，以检验自己的练习效果，这样你就会有提高。

如何循序渐进地练习

当你站在空无一人的房间里大声练习时，你的目标是使用、发展和完善结构化即兴创作的认知技能。请记住：你不是在练习大声朗读已经提前写好的稿子；不是在练习背诵已经记下的单词；不是为了最终一字不差地背下来讲稿的内容而死记硬背。你是在练习即兴演讲，练习让大脑将思维转换为语言的能力，就像在日常生活中的对话一样。即兴演讲与背诵讲稿的巨大差别就在于，即兴演讲要求你必须能够在更长的时间内保持思考和说话，并能够战略性地构建自己的想法。

练习是为了保证每次说话的主旨结构是一样的，而不是为了让每次的表述都一字不差。要在已定的结构中，即兴地运用语言，甚至每次都稍作修改。当你的大脑完全适应了这种模式，你就可以在发言时在更长的时间内出色地完成从思维到语言的转换。

在说话之前，请先做好水平式或弹头式要点笔记，保证发言结构清晰，之后用笔记开始练习。（有关如何创建有效的要点笔记，请查看第二章。）

◎ 实地演练

对自己的演讲地点越熟悉，你演讲起来就会越放松。如果可能，一定要争取到实地演练的机会；如果不行，尽量找一个和实际演讲地大小差不多的地方练习。如果你即将在自己的律所演讲，可以申请在晚上去会议室做练习。

即使不能做实地演练，也至少要去看一下自己演讲的场地。你可以站在场地的前端看一下整个观众席的分布。接下来，播放一下演讲时你会用到的视觉辅助工具，然后自己去观众席上坐一坐，尤其要去那些在角落里并且视线很差的位置。一定要确保每位观众都能看清你播放的内容，否则就不要用这些视觉辅助工具。

◎ 运行“身体动作一览表”

练习开始前，请关上练习室的门，有意识地控制自己的身体，运行“身体动作一览表”，从脚到头，由下向上。练习的次数越多，处于真实环境时的表现就越自然。最终你的身体甚至会在开始说话前下意识地自我调整。

◎ 声音热身

充分伸展面部肌肉，尽可能远地伸出舌头。收回舌头，并缩紧面部肌肉，重复几次，直到能够感受到面部血液循环加快、面部肌肉发热。可以练习重复朗读绕口令，并逐渐加快速度。

◎ 断句式发言

你说话的节奏要能即刻体现出短语表达从容不迫的特点。使用断句法，即以短语为分节仔细构建句子或问题，以此给大脑和语言协同合作的机会。注意在第一句话定一个可控的、从容不迫的节奏，就像音乐家会为一支曲子定下合适的拍子一样。

◎ 即时手势

在第一个单词说出口之前，请张开双手做好做手势的准备。手势的不断变化能够促进思维和语言的流动。这也是以提问来开始演讲的好处之一，如这样提问："在这个政策中大家需要了解哪三项重大改变呢?"你可以用单手或双手掌心向上指向想象中的听众，做出"提问"手势。或在与腰部齐高的"架子"上放置关键词：

简已经解释了这个问题，那么我想提出一些可行的解决办法。

◎ 先说后写

为了使你的发言风格自然流畅，请尝试做到先说话，然后再写。让大脑的语音中心产生想说的话。在说完之后，创建大纲。当草草说出大致内容后，停下来并记下你觉得最有价值的想法。如果你有特别喜欢的特定表达，可将其添加到你的笔记中，以便你以后可以决定是否将其保留在最终的讲稿中。在发言时，先说出想法再将有用部分记下会十分有用。

先粗略地把你想说的内容记下来，别期待一次就能做到完美。因为这也是一个辨明你不想说的内容的机会。接下来，你再回过头看看这些草稿，并加以润色。

◎ 开场练习

鉴于首位效应，请特别注意练习发言的开头部分。只有在一开始练习时就吸引听众的注意力，才能够在真正庭审时吸引听众的注意：开场就要切入正题；在最开始时就有一个动态目的；从一些能让听众想要进一步了解的东西开始。

没有必要在开头表现得很搞笑或讲个笑话逗笑观众，你可以考虑通过讲一个故事来开始演讲，这个故事需要和主题相关并且能对主题作解释说明。比如：

有一天，当你早上去药店上班的时候，发现里面的货架都已经被警察用黄色胶带围起来了，你该怎么办呢？今天我们就来探讨一下美国食品药品监督管理局（FDA）的常规检查以及如何避免这样的“飞来横祸”。

◎ 收尾练习

遵循近因效应，请永远用一个无论是内容还是形式上都清晰明了且充满自信的方式结束你的发言。你需要进行多次练习直到可以确保你在真实庭审中能有一个强有力的演讲效果。

要避免很常见的“无结尾式结尾”，即“今天时间有限，那我就先说到这里，大家还有问题吗”，如果你已经准备过结尾部分，即使时间有限，你也可以跳过部分内容直接收尾。结尾部分是用来总结自己所讲的内容，或者重复一下希望观众记住的要点。比如，您的项目清单可以十分简短，只需三条：首先，把您仔细斟酌过的时间表发送给运输公司；其次，和您在运输公司的联系人核实表上的日期；最后，一定要“咬定青山不放松”，坚持完成时间表上的各项日程。只要您坚定目标不迟疑，麻烦是不会自找上门的。

◎ 练习过渡句

作为一个单独的记忆练习，大声练习过渡句能够使你在话题与话题之间的衔接部分更加自然。多次练习能够刺激肌肉记忆，帮助你在压力之下更好地记住这些过渡句。

演讲人应该很清楚自己在演讲时各个部分之间的逻辑以及如何流畅过渡，这样也会方便记忆。这一系列的过渡如果演讲人自己都觉得并不清晰，而且很难记忆，那么观众肯定也会听得云里雾里。

在练习演讲时，可以在话题过渡时适当停顿。这样观众会下意识地感觉到你在转换话题，可以选择稍作停顿，留出两秒到三秒的空白让听众思考，强调重要性，再继续说下去。你觉得三秒钟的沉默太久吗？当你反复练习在心里一秒一秒地数，你就会逐渐习惯在发言时用短暂沉默作为过渡了。

◎ 练习大声朗读

有时候，你需要照着文本朗读把一段引述告诉观众。要练习大声地朗读这段引用的内容。你必须抑制住越来越快的语速，确保听众可以跟得上。当你必须照稿宣读时，为了获得预期的效果，你应做到以下几点：

- 将阅读的材料用手拿起。不要把它放在讲台上。
- 一次读一个短语，强调每个短语中的关键词。
- 传达出字词的含义，而不只是读出字词本身。

练习在阅读中放慢语速，必要的话可以在阅读材料上做标记辅助朗读：用斜线标出短语之间停顿的位置；用下画线标出短语中的关键词，查清并批注上它们的含义。这样一来，短短几分钟的认真练习就能够起到较大作用。大声朗读练习的目的是让你对文本有较深刻的印象，因此这一环节不可忽略。如果你发现在发言的过程中随机应变十分困难，请不要犹豫，再读一遍。在第二遍的朗读中，请有目的地多加注意。

◎ 凭记忆背诵

在某种意义上，引用信息时重复句子十分有用，甚至是必要的。当你想要引用某个人或是某份文件中的确切内容时，请一定要再次检查内容是否准确，确保万无一失。

你需要反复练习引用内容，直到在说这段话的时候你能足够自信，词句也都能脱口而出。在演讲过程中能够准确引用某一段话，可以有效提高演讲质量。比如，你在演讲时可能会引用某个法律法规中的一部分：

美国《平价医疗法案》规定，任何提供个人或团体医疗保险的医疗服务保险公司，不得在保险合同和保险覆盖范围方面预先施加排除性的条款。

我们可以将这个长句子分成几部分，比如下面这样：

美国《平价医疗法案》规定

任何提供个人

或团体医疗保险的

医疗服务保险公司，

不得在保险合同和保险覆盖范围方面

预先施加排除性的条款。

接下来，练习如何在脑海中归拢这些零散的概念，或者使用“一方面，另一方面”的手势动作帮助记忆。当你在练习一个需要背诵的文段时，你可以把自己的身体当作一个动觉记忆装置，手势动作可以帮助你回忆文段内容。

此外，你还可能会引用一段别人说过的话。比如：

自委员会两年前成立至今，圣塔菲市道德委员会从未收到过任何涉嫌违反道德规范的报告。

我们同样可以把这个句子分成几部分来记忆，并且加上手势动作来辅助：

自委员会两年前成立至今

圣塔菲市道德委员会

从未收到过任何

涉嫌违反道德规范的报告。

首先我们记住整句话被分为四部分，然后我们可以从中发现有些词重复出现（“委员会”和“道德”都出现了两次），这样我们就明白该如何记忆了。

◎ 笔记与视觉辅助

一旦确定了整个发言的结构，请务必配合最终版本的笔记进行练习。确保笔记字迹大且清晰，无论将其放在讲台上还是桌边，都可以轻松看清上面的每个字。

如果你打算在发言中使用视觉辅助工具，请在正式发言之前配合这些工具进行练习，并确保听众可以清楚看到它们。你需要坐到场地最后一排去检验是否能看清台上的内容。如果你打算在活动挂图上写字，就一定要把字写得又大又清晰。写的时候不要着急，写完后你可以退后几步，从远处看看自己的字迹是否清楚。通常而言，大号粗头记号笔比其他记号笔的书写效果更好、更容易看清。为了让字迹更清晰可读，尽量用记号笔的扁平部分书写。

当你练习使用视觉辅助工具讲话时，请保证时刻面朝想象中的观众。如果你一直面朝这些工具进行演讲，听众很容易产生一种被忽视的感觉。当你想要用手势指示视觉辅助工具上的内容时，应当使用距离它们较近的那个手臂；当你指向视觉辅助设备上的某些内容时，请将你的手在视觉辅助工具上稍事停留，但将你的头部和眼睛转回去与听众交谈。指向视觉辅助工具—转向听众—与听众交谈。

事先与计算机投影配合练习，能够让你感受到听众第一次看到的内容。调整自己语言的节奏，留出时间让听众去阅读、消化投影上的内容。想让听众边听你的发言边阅读投影上的内容是无稽之谈。你要告诉他们具体内容。

再次强调，不要面对屏幕发言，要和听众探讨屏幕上的内容。如果你需要朗读视觉辅助工具上的内容，注意使用之前讲过的那些技巧。在视觉辅助工具使用完毕之后，请将其转回空白幻灯片，或将投影仪关掉，从而确保你和听众都还可以回过神来，不受视觉辅助工具的干扰。

◎ 录制演讲视频

最有价值的反馈莫过于能像其他人一样看到自己的表现、听见自己的声音，因此，如果方便，不妨使用能够录制视频的摄像机或智能手机将自己练习的过程录下来。在练习时不要紧盯镜头，边直视镜头边思考、说话很难做到注意力集中。相反，请将相机稍微偏向椅子的侧面，然后面向整个房间说话。

看自己在视频中的表现时，不要一味地自我批评，也要看到自己的闪光点。在进行自我分析的时候，一种较为客观的方法是着重分析可观察、可量化的部分：你多久动一次脚？你一分钟走了多少步？你停下来思考或留给陪审团思考的时间大概是多少秒？演讲开始后第几秒你开始了第一个手势？你的手势通常持续多少秒？一旦知道了这些数字，你就可以设定明确的目标，以便在下次练习时能够减少不必要的动作、停顿更长时间或更快地做出手势。附录二中的“录像自审一览表”将有助于你进行自我评估。

练习解决具体问题

“我说话太温和了。”

如果你是柔声细语型演讲者，不妨多练习在说话之前和说话过程中深呼吸，放慢语速，让句与句之间有更长的间隔以便自己能够进行更深、更长的呼吸。练习在每一句话的结尾处停顿一下进行深呼吸。由于强调关键词时常常会更大声，尽量保证在每个短语中至少重读一个词。练习时注意带上手势，找到语言和双手协同的感觉。由于念关键词时声音会更大，所以尽量保证每句话中都着重强调一个关键词。

说话温和的人一般越到句末声音就越弱。为了避免这种情况，越到句子末尾就越要大声说话，并要刻意强调每个句子末尾的单词。给自己心理暗示——越到句末越要大声说，以保证整句话音量一致。

“我总乱动。”

站起来，有意识地动动脚趾，感受你的脚趾在鞋子里与鞋底进行摩擦的感觉，感受你的脚与地板接触，而地板属于这座建筑，建筑则建在地球之上。你的基座就是地球，感觉自己的双脚牢牢扎根在地球上。从开始说话的时候就不要乱动，抑制住边说话边走动的本能，让双臂代替双脚做动作。

说话开始后立刻做出手势。尽管身体能量的运动往往是由头到脚，但此时你应该将能量传输到手臂上。一旦手臂能够做出适当的手势，你的声音也能够更具表现力。

最初从一段开始，保证在说一段话或是讲一个主题的时候双脚不乱动，逐渐过渡到能够保持静止直至完成整场发言。当你可以做到静止不动的时候，再尝试在话题与话题之间适当移动身体作为过渡。

“我说话太快。”

语速过快是习惯所致，习惯是可以改变的。练习用短语的形式说话，注意给短语之间留足停顿时间。在说话之前深呼吸，将注意集中在室内的沉默上。在说话时，注意利用好沉默。开始说话后，在第一个短语结束时插入片刻空白，而在第一个句子的结尾处，停留的时间要比短语之间的空白更长，而且要注意控制这段沉默的时长，其往往应该比下意识认为应留出的空白更长一些。将句末的句号看成红灯，你必须在红灯下静静坐等片刻。不要过度关注说话的速度，要更多地关注短语与短语之间的空白。

在练习发言的各部分内容时运用这种节奏。当你能够听到这种沉默，就会逐渐意识到给自己留一些时间进行思考可以让说话变得更轻松。逐渐缩短短语之间、句子之间的空白，直到找到一种适合你作为出庭律师发言的节奏，这是针对庭审发言的练习而不是找日常对话的节奏。当你知道该如何放缓语速，也就能够加快语速了。

“我的眼睛不能专注。”

在说话之前，先保证目光能够聚焦。将你的目光聚焦于房间中假想的听众，再开口说话。在大声说话的同时，有意识地保持目光集中。一旦在中间停顿的时候发觉自己的目光开始涣散地游走在地板、天花板上，要将视线收回，重新落在刚才有目光交流的听众身上。在练习提问时，请直视假想的听众。你可以在一张纸上画上和真人眼睛一样大小的“眼睛”，并把这双“眼睛”贴在椅子上，在说话时注视着它们。

“我总说‘嗯’……”

为了克服这个坏习惯，你可以在每次想说“嗯”的时候都用沉默取而代之。先找一个你较为熟悉、相对日常的话题，如描述一下上周都做了什么，或是上个假期都去了哪里……尽可能大声说话，不要小声嘀咕。在大声说话的同时，唯一需要注意的问题就是要用短语的形式说话，注意短语之间、句子之间的间隔。重要的不是节奏，而是间隔时的停顿。这个练习的目的在于帮助你更自觉地用空白代替“嗯”“啊”等思维噪声。

在开始之前，聆听周遭的沉默与宁静。然后开始说话，在短语与短语之间、句子与句子之间插入沉默的空白。以下是节奏的示例：

上周……（停顿）我非常……

忙……（停顿）我一分钟……

都没停……（停顿）当我在周六……

醒过来……（停顿）我需要做的

第一件事……（停顿）就是处理

一些鸡毛蒜皮的小事……（停顿）并给我的车加油

然后去干洗店取衣服（停顿）

为了确保正确停顿，并将自己的思维噪音留在停顿中，讲话时也可以放慢速度。首先要意识到自己何时会发出思维噪音，然后再开始用适当的停顿来替换它们。

当你发出了思维噪音时，要留意但不要停下来责怪自己。根除这种根深蒂固的顽疾非一朝一夕就能做到的。继续说下去，越长时间不发出思维噪音越好。当发出思维噪音时，要加以留意，避免其在接下来的说话中再次发生。

当你谈论上述两个日常话题都可以游刃有余时，尝试换一个和法律相关的话题，最好是最近经常在工作中出现、经常在你脑海中徘徊的话题，如解释商标和版权之间的差异。想象自己要将这些法律概念向非律师从业者解释，就像要在发言中教授他们这些概念一样。不要忘记短语之间的停顿，这比讲话的主题还重要。

练习的时间不必过长，起初，五分钟到十分钟即可，然后在保证能够合理停顿、不发出思维噪音的前提下逐渐延长练习的时间。要练习更长时间的发言。在足够熟练后，下一步练习在对话中不发出思维噪音。在日常比较随意的环境中，想要避免发出“嗯”“啊”的思维噪音是更加困难的。练习次数越多就能越早养成用沉默代替思维噪音的新习惯，从而无须思考就能顺畅无阻地说话。一旦能够在发言中做到这一点，在更正式和公开的场合做一场表达清晰的演讲就会相对容易许多。

你的目标是，及时避免那些在特定场合干扰流畅表达的思维噪音。在日常交流当中，如在厨房和家人说几句话，在餐厅和朋友聚餐，在单位饮水机旁和同事闲聊，谁会在意你说的话里是否加了几个“嗯”呢？这些情况下说几个“嗯”“啊”也不会有什么大影响。你需要注意的是在工作上的交流中避免这些思维噪音，无论是和同事还是客户，无论是面谈还是打电话，你的表达都应该清晰流畅。

因此，要在日常办公时、开会时、与同事客户打电话时勤加练习。

◎ 非正式练习

上述提出的练习方式相对较为正式。独自在房间里模拟演讲现场、大声练习是必不可少的，但这绝不是唯一的练习方式。你还可以通过一些非正式的练习方法提高技能。这些非正式的练习方式没办法同时锻炼多种技能，但对于协调你的大脑和说话大有裨益。

以下是一些建议：

1. 在驾驶汽车时大声练习发言。尽管在驾驶时你需要操控方向盘而不能练习手势，驾驶的时间却为你提供了一个很好的机会来戒掉不好的口头习惯，如思维噪音、说话太快或说话太轻柔等。为自己的练习设下训练时间，如十分钟。这种练习不会受到局限，如果你正要开车去听证会，这种练习会特别有价值：你可以把它当作口头热身。当你知道自己已经练习了很多次，自信心就会大大增强。

2. 在散步时大声练习发言。采用这种方法进行练习的名人大有人在，如亚伯拉罕·林肯。根据历史学家哈罗德·霍尔泽的说法，“为了熟悉演讲，他在斯普林菲尔德的街道上一边走一边大声朗诵段落……”，这将是你大声练习发言的绝佳时机。先从零散的几个片段开始练起，如首段和尾段，以此考查自己对于这些重要段落的熟悉程度和可替换能力。

3. 在早上洗澡时练习发言。演讲当天，你在洗澡或煮咖啡时，练习大声说出你晚些时候带着压力要说的内容，为大脑和声音做热身。（这种练习可以帮助你形成肌肉记忆，对于发言大有裨益。）如果条件允许，你最好能在正式发言之前多练习几次大声说话，如走进附近的空房间、废弃的楼梯间，甚至是一个空置的洗手间，然后大声说出你的第一句话。这样在真正开始之前就能够做好充足准备、拥有足够的自信。

◎ 在日常对话中练习

每次开口说话都是锻炼表达能力的机会。尤其是在没有压力的情况下的练习尤为有效。在和一群朋友同事的聊天中，可以练习消除思维噪音；在私人对话中，可以练习放慢节奏、用短语的形式说话；在会议中或法律继续教育课上，可以强迫自己主动回答问题，以此作为压力之下说话的练习。

◎ 观察、适应与采纳

向具有启示意义的榜样学习。当你遇到真正优秀的演讲者时，认真聆听，思考为什么他们的演讲如此精彩绝伦、令人印象深刻。听听他们的节奏、思考他们演讲的句子之间沉默的时长、看看他们的手势。你是否能够将他们演讲中有效而新颖的手势学为己用？扩展手势就如同扩展口头词汇，学会一个新词并熟练准确地加以使用，就和学会一个手势并使其成为你个人风格的一部分一样。

当你听到一个反响平平的演讲时，问问自己这样的演讲为什么会给别人留下不好的印象。是思维噪音过多还是语速过快？在自己的演讲中避免出现相同的问题，并在日常练习中注意不要出现这些问题。

◎ 对立面法则

当你创造自己的风格时，要留意其中的个性化元素。或许你声音洪亮、掷地有声，熟练运用手势但语速较快。那么在创造个人风格方面你已经有了一定优势，但在平常练习的时候你需要遵循“对立面法则”：放慢语速、变得更加柔和，为听众呈现更加丰富多样、对比鲜明的演讲。

当你遵守对立面法则后，你会发现自己掌握了说话具有表现力的新技能仿佛变为先前的两倍：不仅可以发挥与生俱来的风格优势——吐字清晰、声音洪亮、手势鲜明，还可以做到柔声细语、娓娓道来。听众会期待你风格变换、对比鲜明的演讲接下来带来更多的惊喜与新鲜感。人类本就追求变化多样，厌倦一成不变，演讲的风格更是忌讳单调重复。时不时地改换风格能够赋予听众以新鲜感，而不会令人昏昏欲睡。

当你向一个意想不到的风格转变时，你将会为自己的演讲加入全新的表现力。突出重要的词语、词组和句子，再加上一些反问句，这些都能让观众耳目一新。

如果你一贯的风格是声音洪亮、掷地有声，很明显你不能通过再次提高音量、加快速度来突出重点，否则会过犹不及。相反，放慢语速、弱化语气则能起到更好效果。问问自己怎样做能和平时的风格产生对比？这就好像为美味可口的传统食物添加些许异国情调的香料调味，你只需要慢一点、柔一点，而不需要摒弃全部个人风格、彻头彻尾地改头换面。在顶着压力上台演讲前进行演练，通过不断练习你能够感受到带有你个人风格的词库已经逐渐扩大，你可以在其中任意挑选。就像一位技艺精湛的爵士音乐家一样，如果你的选择正确，你就能够享受活在当下的感觉。

应对心理挑战的练习

找到自己的套路、掌握过硬的技术、依靠良好的表达习惯，这些都是你在法庭上表现良好不可缺少的基础。为发言做好心理准备，直面挑战，不要逃避，这是最后一个关键性技巧。如果你想要做好充分准备并期待在压力之下能够发挥得更加精彩，就必须玩一些“智力游戏”。心理上的准备与消除思维噪音、身体站稳不动一样重要。每位律师都需要一些特殊技巧来应对挑战。

要记住，你的目标是赢得观众的支持。

为了赢得胜利，在竞赛之前就要让自己精神振奋。就好比运动员在竞赛之前会欢呼呐喊、相互激励一样，律师们应在心中默默为自己加油打气：“我能做到！胜利是属于我的。”自信来源于前期的准备，告诉自己：“我准备好了，我的练习足够充分。用书中讲过的技艺进行准备，然后让自己在心理上做好准备，直面挑战，不要逃避。”

如果你有过不愉快的演讲经历，你可能会患有创伤后应激障碍，或“创伤后语言障碍”。或许你在法学院、大学甚至更早的时候在说话时忘词、语无伦次，而这个经历若一直困扰你至今，那么是时候克服它了！

在练习时将自己的表现录制成视频，并使用附录二中的录像自我审核清单进行审核。注意看、听自己的发言，注意自己风格中好的地方。将这些记录在纸上：“我身体站稳没有乱动。我说话时没有发出思维噪音。我的手势很自然。我显得一点也不紧张。”在这些优势上建立新的信心。不要对自己没做好的事过分的自我批评，或者在一些无法改变的问题上大动肝火：“我该减肥了”“我的眼睛间距太近了”……这种行为会让你心烦意乱，不要去做。

在下一次公开演讲之前，看看积极事项清单，并告诉自己可以完成。将更多注意力放在自己风格中的积极因素上，你将逐渐克服创伤后应激障碍，将它远远甩在身后。公开发言能够引发深刻的个人问题并放大焦虑。有些律师承认自己讨厌成为焦点的感觉，或是不喜欢被他人盯着看；有的则不愿意与陌生人进行目光交流。如果你也有上述问题，可以进行改变，通过有意识地控制处理掉这些焦虑。找出困扰最深的因素，对应地进行练习，并逐渐适应。

在本书提及的所有技巧中，有意识呼吸的练习既是最重要的，也是最容易被忽视的。当你为发言做准备时，有意识呼吸可以帮助你消除前期无意义的消极想法。伴随主持人的介绍“下一位演讲者上场”，演讲正式开始，有意识呼吸就是唯一可以让你冷静下来保持头脑清醒的办法了。有意识呼吸练习的次数越多，效果就越好。你在专注于有意识呼吸时，就不会为接下来可能出现的问题烦恼，因此也会为自己良好的表现做足心理上的准备。

◎ 写在最后

舞台剧首秀对演员来说是激动人心的。他们身着戏服，头顶是耀眼的灯光，眼前不再是彩排大厅而是一个布景完整的舞台，台下的观众都异常兴奋，掌声热烈，大家对这场首演好评如潮。但是首秀的兴奋劲头很快就会消散，第二次演出时，疲惫的演员往往会让观众们大失所望。我们想要做好演讲，也需要从中吸取教训，先来看看我们能从下面这个小故事中学到什么。

有位经验丰富的舞台剧导演，在每个舞台剧的第二次演出前都会讲这样一段话给演员们打气：“很久以前，那时我还是滑稽歌舞剧里一名年轻的舞蹈演员，火烈鸟跳舞是我们节目的一部分。它们的‘更衣室’就是一个简单的围栏，在那里能听到舞台上发生的一切。当它们的入场音乐响起时，它们便开始咆哮，拍打翅膀，兴奋得蹦蹦跳跳。那些火烈鸟迫不及待地想上台表演。”讲到这里，这位导演突然停下来，他对着每位演员说：“那些鸟儿，去它们的！那些鸟儿都能那么兴奋让自己赶快投入表演当中。所以你们，今晚在舞台上要好好表现，祝大家好运!”

这个小故事的寓意是什么呢？如果鸟儿能振作起来全心投入表演，你也可以。如果火烈鸟可以学习跳舞，那么你也能训练自己昂首挺胸，自信演讲，巧用手势动作，并控制自己的演讲节奏。激发灵感、努力训练，你也会有精彩的演讲。此外，语言也许是人类最伟大的成就，所以当你练成时，你的演讲将天马行空，你的话语将掷地有声。

本章小结

一分耕耘，一分收获。持续练习能让你在短期内就看到实际的效果。你可以找任何一位运动员或音乐家求证这一点。如果你读到现在都还没开始本章提到的任何一个练习，那么请放下书本赶紧尝试一下吧。

练习是提高技能的唯一途径，能够将你所知道的内容转化为技艺娴熟的表达技巧。克服练习时的所有障碍，学会独自、大声、大量地进行练习。记住，练习不是为了让你表现得完美，而是为了表现得更好，因此，要对自己有耐心、有条不紊地进行练习。练习并不需要一天花上几个小时，短时间、多次数的练习会更加有效。

创建笔记作为视觉辅助工具，可以让你的即兴创作更有逻辑。在你开始时，应从头到脚运行一遍“身体动作一览表”，预热你的发声器官，使肌肉为接下来的工作做好准备。特别注意开头和结尾。一旦决定了要说的内容，就训练自己立即加上手势。

配合视觉辅助工具进行练习。如果你打算照稿朗读，请多次提前练习，并有意识地加以思考。如果你想要提升某个特殊技能，则应每天花上十分钟专注于此。

除了正式的练习之外，日常生活中的非正式练习也能够提高你的演讲技能和表达能力。多去观察其他演讲者的表现，择其善者而为之，其不善者而改之。演讲前做好心理上的准备，在做得好的时候对自己的进步感到惊喜并知足。

自我对话

“短短五分钟的练习就能够增强自信心。”

“我需要配合笔记大声练习，以确保万无一失。”

“堵车了！正好可以把演讲的开头再练几遍！”

“这次谈话中，我要消除思维噪音，在静默时思考。”

“和同事们共进午餐时，多注意与他人目光交流。”

“在这通电话中，采用‘下楼梯式’的演讲技巧让自己听起来更加自信。”

“我在此次会议中会改掉语速太快的习惯。”

“我已经练习了结尾部分，这样就能在时间不够时直接跳至结尾结束发言。”

附　　录

附录一　身体动作一览表

协调你的身体、大脑和声音，呈现精彩的发言

控制身体

· 在发言前，有意识地控制呼吸——深吸气和慢呼气。

· 走向讲台时，继续保持深吸气和慢呼气。

· 放松面部表情；放松嘴巴和眉毛。

· 采取动态站姿：将重心均匀分布于双脚。

· 切勿东倒西歪或倚靠讲台、桌子。

· 在开始发言前不要埋头看笔记，抬起头与听众进行眼神交流。

· 系统观察坐在听众席四周各角落的听众。

· 双手摆出准备姿势，将手肘弯曲成 90 度，双手置于齐腰处并随意搭在一起。

· 发言前调整胳膊，准备好做手势，并在说话时引导身体做出相应的手势。

· 开始发言前有意识地吸一口气，吸气会帮助你发出声

音。说话前先吸一口气。

· 记住有关自然手势的“3R”理论：“准备”（ready）、“做手势”（release）以及偶尔将手臂垂于身体两侧的“放松”（relax）状态。

· 将因兴奋和（或）焦虑而产生的肾上腺素转化为大方自然的手势。

· 幅度较大和持续时间较长的手势会让你感觉更自然。

· 在腋窝下留些空间，会让你的手势看起来更加自然。

· 手势动作不仅可以从肘部开始，还可以从肩膀开始。

· 设计并练习第一个手势，帮助你激发做手势的本能。

· 启动手势：“呈现”（事实或问题）、“竖劈”（强调）或“展示”（一方面……另一方面……）。

· 充分利用自然的手势区域——一个大约四英尺宽、两英尺高的矩形空间，流畅地做手势。

· 做手势时要展开手掌、伸直手指；切忌向掌心弯曲手指。

· 提问时采用掌心朝上的提问手势。

· 一旦开始做手势就要停止思考手势本身，应依靠直觉去做。

控制大脑

· 开始发言时要打起精神，而不是告诉自己“放松”。

· 集中注意力思考，切勿念稿，要对着人说话。不要在说开场白时看发言稿。

· 想象你是面对某个人发言，而不是面对冷漠、无差别的听众说话。

· 不要惊讶于听众严肃、漠然的表情。(这与你无关!)

· 意识到肾上腺素造成的“时间弯曲”现象；开始发言的时候放慢速度，以弥补你对时间变化的错觉。

· 停顿有益，沉默是金。短暂的停顿可以让你有时间在开口前思考，也有助于听众理解消化你说的内容。

· 向听众清晰地表达你陈述的结构、层次，大声说出来也有助于你的记忆。

· 表现出你对演讲话题的热情和兴趣，以及得体的友好态度。

· 请放心，听众不会察觉你内心有多么紧张。

· 当你需要在脑海中搜寻下一个词语或想法时，保持耐心，不要惊慌失措。

· 使用标题提示语引出新的话题：“现在让我们注意……”

· 笔记的内容越少越好！在笔记中写下要点即可。切勿读笔记。

· 在转换话题时，不必不好意思看笔记。听众只是不赞同你在说话的同时看笔记而已。

· 笔记对你来说是一种视觉辅助工具，所以字要写得大，内容要简单明了。

·试着横向书写笔记。

·把笔记放在能看清楚的地方。

控制声音

·深长而有力地呼吸。你说话时声音的力度与气息支持的力度成正比。

·为了控制语速，发言时按词组断句，而不要一口气说完整句。

·使用不同的语速：在描述关键问题时按短语断句，在介绍初步信息时则要说得更快而简洁。

·通过有意识地停顿来控制任何无意识的思维噪音，如“嗯”“呃”。

·强调赋予语言意义。要着重强调每个句子或问题中的关键词或关键短语。

·要明白需要强调的词通常处于句末或问题的结尾。

·通过强调句尾词语来保持音量。

·注意不要反复地在句末使用升调，否则会让句子听起来像是在询问问题或列举清单。

·为了让声音听起来自信且有说服力，要降低句末的音调（不是音量）。

·避免过度使用“那么”来连接你的句子或问题。

·为了避免表达单调，可通过强调关键词来变化说话音调。

· 讨论复杂的问题时要放慢语速，更加注意措辞。

练习大声演说

· 通过练习，让脚步与你的身体、大脑和声音相协调。

· 练习大声说话来建立发声器官（嘴唇、舌头和下巴）的肌肉记忆。

· 大声读稿；先说，再写。

· 开车时练习大声发言。

· 不要对着镜子练习发言。镜子只会让你更不自在。

· 大声练习，独自练习，多加练习！

· 即使你的时间有限，你也要多次大声练习第一段，这样开场才能有气势。

· 即便时间有限，你也要多次大声练习最后一段，这样结尾才能有力度。

附录二　录像自审一览表

评价视频中自己的表现

双脚和站姿

·你会变化站姿吗？两脚之间的距离合适吗？

·你的重心是居中的吗？你的重量是均匀分布于双脚的吗？

·观察自己在开场时是否保持站立不动。

·你的双脚是互相交叉的吗？不要交叉双脚！

·注意观察你是拖着脚走还是移动脚步走的。应有目的地走动，而非随意走动；在转换话题时可以变换位置。

·走动三四英尺可能会让你显得紧张不安。当你决定走动至新的位置，至少要走动六英尺的距离。

·注意观察你的脚，比起双臂运动的频率，脚步的移动是否更频繁？如果你较少使用双臂做手势，就会频繁踱步。考虑让你的双臂代替脚“行走”。

双膝和臀部

·如同站在行驶中的公交车或者地铁里一样，你要保持双膝灵活。

·摆正臀部。避免随意地向一侧倾斜身体、将重心偏向一侧臀部上。

气息支持

·观察你的呼吸。起身之前有意识地呼吸；这有助于控制肾上腺素的激增以及缓解紧张感。

·你能感觉自己的肺在扩张和收缩吗？从腹部开始做深呼吸，以便发出声音以及保证大脑供氧充足。

手势

·双手放置的位置是否合适？你应当弯曲手肘呈 90 度，并将双手放在肚脐处。

·避免将手置于裆部前方和臀部后方、手揣在兜里或握着钢笔。(你可能无法意识到自己在摆弄钢笔)

·为了让手势显得更自然，你应加大手势的动作幅度，延长手势持续时间。

·自然的手势是流畅而连贯的，缓慢而非急促的。注意手势的平稳、缓慢。

·你什么时候开始做手势？要有意识地及早做手势。即刻开始做手势。

·你会用表现“一方面……另一方面……”的手势来激发自己做手势的本能吗？

·你应该充分利用“手势区域”：一个两英尺高、四英尺宽的长方形——在你的腰至下巴之间两英尺高，水平距离四英尺长。

·你提问时所做的手势动作是否伸展手臂、掌心朝上？提问时要做出相符的手势。

·检查自己是否选用以下所有手势策略来提问：右手、左手、双手或者有时没有手势。

·注意观察“展示”手势。你的动作能更具有表现力吗？

·将双手或者单手侧立，做空手道中“竖劈”手势，以表示特别强调。

·如果有讲台，你会碰它吗？不要交叉双臂、耸着肩倚靠在讲台上。不要把小臂放在讲桌上且懒洋洋地倚靠讲台，要挺胸站直。

·观察自己是否在思考完某个问题后便垂下双臂，摆出“放松”的姿势。你要成为自己的“惊叹号”！

姿势

·注意看你的身体姿势。好的姿势并非需要挺胸、展开肩膀。这样做反而会增加紧张感。

·好的姿势会展现一种向上的感觉，而不是保持雕像一般的姿势。

·你的头应该位于躯干正上方，而不要像“鸡脖子”一样向前伸（不要向上抬下巴）。

·想象固定在头顶的弹力绳正在向上拉你的头部。

面部

·你看上去有精神吗？采用你挥手做自我介绍时那种自然的面部表情吧。

·担心面无表情的“僵尸脸”。试着略微张嘴，用嘴和鼻子呼吸。

·注意观察你的面部表情和手势是否相配。自然的手势会让你的面部表情自然丰富。

·切忌身体僵直！持续做手势。

眼睛

·你在看着听众吗？你在发言前是否看向听众？

·你应当观察听众席位四周的各角落以便确定眼神停留的目标区域。

·了解自身的“思维方式”：你考虑接下来要说的内容时，会向上看、向下看还是向四周看？切忌将目光从听众身上移开太久。

· 聚焦目光有助于集中注意力。

思考

· 不要读稿！要说话！你是读还是说？

· 你的演讲中间是否有停顿？沉默是金，沉默亦是友。

· 肾上腺素造成的“时间弯曲”现象会让停顿显得异常漫长。

· 你给自己和听众留出思考时间了吗？

· 记录停顿时长。每次停顿时间是多长？一秒还是两秒？

· 你的眼睛看向何处？不要在演讲一开始就看稿或读稿。要关注你的听众。

· 你应该把笔记当作降落伞；在无助、崩溃时向它寻求帮助。

· 你的笔记清晰易懂吗？要让笔记成为视觉辅助工具：字体要大、内容要简单明了。

· 查看自己是否经常皱眉。

· 积极地选择态度，因为选择态度是种战术。

发言

· 你说话时应该使用短语，而非一口气说完整句话。

· 听听自己说话的节奏。要在发言开始时以短语的形式说话且放缓语速，然后在感觉从容的时候再加快语速。

·缓慢的语速可以表明你所说内容的重要性。说重点信息时应放慢语速。

·你是否会调整说话的节奏?偶尔用相当慢的语速逐字说话,可以达到强调的效果。

·你的说话声音是否太轻?多运用气息支持的方法。

·你的音量减弱了吗?强调问题中的最后一个词或词组。

·注意听句末上扬的语调。你是否用了疑问的语气?

·你是否会在句末使用降调和肯定的语气?

·回想新闻播音员是如何结束电视节目的。听声音判断自己是否采用了"下楼梯模式"。

对立面法则

·你运用对立面法则了吗?你是否曾遇到过这种情况:说出的句子或短语与依靠直觉会说出的话意思恰好相反?

·仔细听,判断你在强调某些内容时语速是否比平时说话速度慢,音量是否比平时说话音量小。

·充满激情的同时也要适时保持严肃。

·聆听并对比。你是否曾用长时间的沉默让听众陷入思考?

·注意在演讲中适当运用以下技巧:更缓慢、更轻柔、静止、沉默。